共感力を育む

UnSelfie

MICHELE BORBA
佐柳光代・高屋景一 訳

デジタル時代の子育て

ひとなる書房

一〇年以上も前のことになるが、私が共感力について講演した後、一人の父親が話しかけてきた。感謝の言葉を述べると、彼は息子の写真を見せて、この子は執拗ないじめを受け、首をつって自殺したと言った。そして、共感力について訴え続けることを約束してほしいと頼んだ。

「もし誰かが、あの子たちに共感力を植えつけていてくれたら、息子は今も生きていたでしょう。」

この本によって、この父親に、また仲間からの残酷な仕打ちに耐えているすべての子どもに、私の約束を果たしたいと思う。

著者ボーバと『アン・セルフィ』について

本書の原題はUnSelfieであり、セルフィ（selfie：自撮り）に象徴される、自己中心の文化に生きる現代の子どもの関心をどのようにして他人に向け、彼らの共感力を培うかをテーマとしている。

二〇一三年にオックスフォード英語辞典の「今年の言葉」に選ばれたセルフィは、自己中心の文化を象徴する社会現象である。セルフィの流行は、自分自身を謳歌し、そんな自分をＳＮＳを通じて他人にも認めてもらえる、幸福な社会を象徴しているかのようである。しかしその一方で、若者の間には孤立や孤独感、さらにはいじめや自殺などの〝病状〟が拡大している。著者は、さまざまなデータとともに自ら世界各国を見て回った経験から、問題の所在や原因を明らかにし、特に学校や家庭など子どもと関わる場で、具体的で身近なところからはじめられる対策を紹介している。

著者ミシェル・ボーバは、いじめや子どもの性格形成などを専門にする教育コンサルタントである。国内外で主宰したワークショップの参加者はのべ五〇万人を越え、新聞、雑誌、テレビ等のメディアでも幅広く活躍中で、アメリカで最も信頼されているコンサルタントの一人である。

デジタル機器が煽《あお》る自尊心と、競争力のための教育

今日、家庭の関心は学業にある。その根底にあるのは、子どもに、現代社会の競争を勝ち抜く力

を身につけさせたいという希望（不安？）だろう。同じ意味でスポーツへの関心も高いが、一方で、「思いやり」などが優先的な関心事になることは少ない。この傾向はアメリカ合衆国に限らず、我が国にもあてはまる。しかし、大人としてそれで本当にいいのだろうかと、本書は私たちに問いかける。

確かに、今日の社会において、競争に勝つことを重要でないと言い切るのは難しい。しかし、他者との協力や共生、共感の力の修得も、やはり重要ではないのか。また、もしそのような資質や力を伸ばすことが、競争のための力を身につけることと矛盾しなかったり、場合によっては促進さえするとしたら？

著者の見解は明らかである。共感の力は重要で、しかも、共感力を高めることには「特典」もある。そして、家庭や学校で共感力を高めるための時間を設けること、さらに、言葉かけやゲーム、読書など、さまざまな具体的方法を提案する。

競争への準備を過剰に意識する傾向と並んで懸念されるのは、デジタル機器に長時間接続することで、顔と顔を合わせての直接的な触れ合いの時間が減っていることである。この傾向は今や全世界で見られる。最近のデジタル機器はメールやSNSに見られるようにコミュニケーションを重要な機能・魅力として売り出しており、我々もそのような機能を楽しむ……というより片時も離れられなくなっていることが多い。携帯電話を家に忘れて出かけた日には、仕事や勉強が手につかないという人も多いだろう。

しかしこのようなデジタル機器を介したコミュニケーションでは、皮肉なことに「私」が強調され、それが人と人との間を遠ざけている側面があることを忘れてはならない。

私たちの多くは、自分が発信したことを誰かが見てくれて、しかも「いいね！」の印がつけば、素直に嬉しい。毎日、自尊心がほんの少し満たされるのを喜んでいる。その反面、過ちを正されたり、批判されたり、反論されたりすると、自分の人格が攻撃されたと思い、過剰に反応してしまう。SNSやメールでは、相手の気持ちを考えずに一方的に言ってしまったり、相手に面と向かっては言えないようなことを投稿したり発信したりしてしまう。その結果、人間関係がこじれ、「ネットいじめ」が起き、対人コミュニケーションが下手になる場合すらある。

今さらデジタル機器を捨て去ることなどできないだろう。しかし、著者は、デジタル機器の良さは生かしつつも、それに生活を乗っ取られるのではなく、私たち一人ひとりがデジタル機器をあくまで道具として賢く使いこなすべきであると考えている。

本書のテーマは子どもの**「共感力」**、つまり他人への配慮や思いやりの力を育むことであると述べたが、このような力は天性の才能ではない。著者によれば、人間はみな、共感力を発達させる素質を持って生まれる。逆に言えば、誰の心にもこのような力を育むことができるのである。著者はここから次のような主張を導いている。

共感力を持つ子どもは九つの基本的な力（本書1〜9の各章に対応している）を身につけ、人生を通して誰もが向き合うことになる感情や倫理上の難題に対処する際に使う。九つの力は子どもの共感力を高め、他人の手助けをすることを促す。これらの力をくり返し使い、習慣にしてしまうことで、子どもたちは、幸せで実り多き人生をもたらす「共感力の特典」をも手に入れる。九つの力はすべて、発達心理学、神経科学、社会科学の最新の研究からえり抜かれたもので、育むことが可能である。本書は、そのための具体的な方法を提供する。

本書は基本的には家庭や教室でできることが多数盛り込まれた実用書である。しかし、ここで紹介されている取り組みを、自分の家庭や教室で実践できるかどうかを考えることを通じて、実は、今日の子育てや教育問題を深くとらえるきっかけを与える本でもある。例えばその一つに道徳教育がある。正しい自分であろうとしたり利他的であろうとする自覚はどう育まれるのか等々に関することだが、読者は本書を読みながらこの難問に、様々考えを巡らすことになるだろう。訳者の専門領域ということもあり、巻末に「訳者解説　道徳教育についての考察」を載せてある。これを読むことで本書の議論をより広い文脈に位置づけて理解できるかもしれない。

本書は子どもの教育に関心のある一般の読者向けである点を考慮して、読者が手に取りやすいサイズに収めるよう工夫した。そこで、翻訳にあたっては著者とも相談のうえ、原著の内容を損なわない程度に省略や意訳をしてある。また、参考文献等の注は、必要最低限のものにしぼって巻末に一括して掲載し、ＵＲＬは省いた。

訳　者

日本語版出版に寄せて

今日の子育てに最も大切なこと

ミシェル・ボーバ

人生で最も難しく、しかし、やりがいのある仕事は子育てをおいて他にない。私たちはどれほど自分の子どもについて悩むことか！　躾の仕方に迷ったり、子どもの将来をおもんばかっては眠れぬ夜を過ごすこともある。わが子を自分の命より大切に思っているからこそ、心配はつきない。

親はみな、子どもが優秀であることを望む。そこで、家庭教師をつけたり、最新のデジタル機器を与えたり、習い事をさせたりなど、子どもの成績が上がるために必要だと思ったことは何でもする。しかし、そのやり方は正しいのだろうか。

科学の出す答えは否定的だ。いわゆる学力や認知的能力ではなく、非認知的な力（感情の読み取り、感情のコントロール、協同性、共感力等々）こそが、学校で成功する秘訣であり、二一世紀の世界を生き抜くために子どもが必要とするものなのである。しかし、いまだに、成績、努力、得点が「成功の秘訣」だとされていて、共感力を〝生ぬるい〟ものと見なす親の古めかしい考えが、子どもの可能性を妨げている。

共感力は、わが子が幸せで実り多き人生を送るための土台である。最近の世界経済フォーラムの報告書は、グローバルな世界で生き抜くために必要なスキルを挙げている。批判的思考力や決断力や問題解決能力はこれまでと同様だが、さらに、感情知性〔自分や他者の感情を理解でき、適切なコントロールや対処ができる力〕、協同性、共感力のような人間関係に関わるスキルも挙げている。[1] 企業の多くは、感情知性と共感力が、優れたリーダーの決定的資質であると認めるようになってきており、『フォーチュン』誌によれば、ますます多くの雇用主が共感力を合わせ持った人を探している。[2]

だからこそ、子どもたちの人間的スキルが発達し損ねていることを示すデータが心配だ。アメリカの一〇代の共感力（ほかの人の立場に立つ能力）のレベルは、ほんの三〇年の間に四〇％も落ち込んだ。しかし、それはアメリカだけの問題ではない。日本人の利他心について研究している東洋大学の中里至正名誉教授は、ある実験で小学生にゲームをさせ、勝った子どもが獲得したポイントをどのように使ったかを調べ、思いやりの度合いを測定した。一九八〇年代半ばでは、勝った子どもの八〇％が、獲得したポイントをある程度、負けた子どもに与えていた。しかし、一九八〇年代の後半になると、その割合は四〇％に突然落ち込んだ。[3] 皮肉にも、これはアメリカと同程度の落ち込みになる。しかも、私が講演する世界中どこの国でも同じ懸念を耳にする。

子どもたちの人間的能力が低下しつつあるのだ。原因の一つは、私たちの子育てが、共感力を育むうえで科学が証明している最新・最良の方法になっていないこと。今一つは、忙しさに追われ、デジタル機器に繋がれっ放しで、直接の対面交流が少なくなった文化につきまとう多くのマイナス要素が、共感力の構築を損なっていること。子どもたちが、共感力とともに幸せな人生を送れるために、私たちの努力のあり方を変えなければならないところに差し掛かっている。

日本の子育てに特有な課題

それぞれの文化には子育てに関して特有な課題があり、私なりに日本の子育てに関する課題を述べてみると、いじめの増加、特にいわゆるネットいじめの増加[4]、親の多忙により家庭生活がせわしなくなっていること[5]、出生数の減少により、一人ひとりの子どもが甘やかされて育つようになっていること[6]、若者の精神的疾患の増加[7]、ひきこもりに代表される孤立と直接的な繋がりの崩壊などが挙げられる。[8]

二一世紀の子育ての目標は、思いやりのある子どもを育てること

日本の子育てに多くの良い面があるのは、もちろんである。国として、日本が教育と子どもの学業に高い優先順位を置いているのは明らかである——特に数学、科学、読み書き能力に関しては世界でも上位にランク付けされている。日本の文化ではまた、ほかの人の気持ちに気づく思いやりが

強調され、子どもはほかの人の必要性に配慮することが奨励されている。基本的な礼儀が地球規模で大きく落ち込んでいる時代に、日本の子どもがほかの人に対してさわやかなほどに尊敬と気配りの心があることを、私は知っている。

数年前、夫と私はこの美しい国を訪れた。ある晩、ホテルの部屋でニュースを見ようとしてチャンネルを変えていると、忘れることのできないコマーシャルに出会った。そのメッセージは簡単に理解できた。一人の子どもが自転車で転んだ友達を助ける様子が映っていた。その子は友達を慰め、自転車を立て直し、友達に怪我がないかを確かめた。それから二人は仲良く自転車で走り去るのだが、場面には shinsetsu という言葉が流れた。その言葉の意味が kindness（思いやり）だと後で知った。その美徳は子どもに特に身につけてほしいもので、奨励する一つの方法として、親切のやり方を示すのだと、日本人の教育者が説明してくれた。

この原則は、最も古い心理学的方則「それを目にすればするほど、あなたはそのようになる」に基づいている。これは効果がある。〝親切〟の模範を繰り返し見せすることで、子どもが親切になる可能性は高まる。あまりに多くの先進諸国で、人間愛の奨励はランク付けが低いのが実情だ。私は日本の皆様が共感力、思いやり、親切心を優先する模範を示すようお願いしたい。

うれしいことに、共感力は読み書きと同様に教えることが可能である。共感力を培うために子育てスタイルを変えることは、誰にでも実行できる。ほんのわずかの変化でも、必ずプラス効果をもたらす。重要なのは、ほかの人を思いやるような優しい心と勇気を持つ子どもを育てる努力を、意識して行うことである。よい子どもを育てる親は、偶然そうしているわけではないことを、心に留めておきたい。

皆様とご家族の幸せをお祈りする。また、実りある幸せな人生を送ると同時に、しっかりとした道徳観を持つ次世代を育てていただくようにと願っている。

二〇一七年八月

カリフォルニア州パームスプリングにて

目次

共感力を育む

訳者紹介　323

装幀　山田道弘

【凡例】

・強調のためのイタリックは傍点とした。

・書名は二重カギカッコ『　』、映画のタイトルはカギカッコ「　」に入れた。邦訳がある場合、邦訳の書名、訳者名、出版社、出版年を記した。邦訳がないものについてはアルファベット表記のまま二重カギカッコに入れた。著者名もアルファベットのままだが、他の著書が邦訳されており、カナ表記が確認できる場合はそれに従った。

・訳者による説明や注は、亀甲カッコ〔　〕に入れて本文中に挿入した。

なぜ共感力が決定的に重要なのか？

「われわれが一瞬のあいだ、たがいの目を通してものを見ることほど大きな奇跡が起こり得ようか？」Ｈ・Ｄ・ソロー
（『森の生活（上）』飯田実訳、岩波書店、23頁）

一九九〇年代の初め、ジョン・ウォラックという有名なジャーナリストがアメリカ・メイン州のオティスフィールドで、「平和の種」と呼ばれるサマーキャンプを発足させた。ウォラックは中東地域の紛争を七年間報道した経験から、暴力の悪循環を断ち切る最良の希望は、これら戦闘地域や紛争地域の子どもたちに、衝突に対処する新しいスキルを教えることだと気づいた。小さいうちに、協同、コミュニケーション、平和構築などのスキルを教えることで、より良い世界を築くための対話を開くことができると信じた。

以来三〇年間、イスラエル、パレスチナ、エジプト、ヨルダン、パキスタン、アフガニスタン、

インド、英国、アメリカ合衆国から、毎年夏に数十人の十代の若者がやってきた。主催者は彼らが平和な世界を作り出す変革者となって帰国することに希望を託した。多くの人は、ウォラックの考えは理想的すぎて実現不可能だと思った。しかし、三週間のプログラムが終わるたびに、多くの若者は、それまで憎んだり恐れたりするようにと教えられてきた人と友情を育んだ。シカゴ大学の研究者たちは、何百人もの参加者の態度をキャンプ直前、直後、帰国九か月後と追跡調査した。すると、イスラエル人もパレスチナ人も、キャンプを終わった時だけでなく、一年後になっても、「相手側」に対してより肯定的で、より親しみを感じ、より信頼感を感じていると分かった。[1]それだけでなく、多くの者は平和のために身を捧げている。ウォラックの夢が実現しつつあるのは、共感力に基礎を置いているからである。

　私はキャンプを訪れ、参加者や彼らのアドバイザーにインタビューし、詳しく観察した。私が見たものすべて――雰囲気、活動、交流、大人の介入、アドバイザーが教えるスキル――は、人間的な結びつきを強め、共感力を培うものだった。

「ここに来たら、変わらないではいられない。相手も同じ悩みや恐れをもっていると分かれば、相手と共に感じ始める。以前の自分に戻ることはない」と、あるソマリアから来た若者が話してくれた。

「私はイスラエル人を受け入れることができませんでした。でもここで、彼らも私たちと全く同じように、平和を愛する人々なのだと気づきました……結局のところ、私たちはみんな同じ人間なのだと、今は信じています」と、パレスチナから来た参加者は話した。[2]
それを聞いた時、三〇年間世界中を旅して研究してきたことについて確信を得た。共感力は練習によって育み、身につけることができる。つまり、教えることができるのだ、と。共感力は、「私たちはみんな人間であり、同じ恐れと悩みを持ち、互いに敬意を持って接するべき存在だ」という根本的な真理にしたがって生きていくことを支えてくれる。

「子どもたちが幸せと成功をつかむために、何が必要でしょうか？」これまで何百人もの親に質問されてきたが、「共感力です」と答えると、ほとんどの人が驚く。相手の立場に立って相手の感情や要求を理解するこの資質は、「感傷的」と言われるが、近年の研究は、共感力が決して「ヤワ」なものではないことを明らかにしている。それどころか、子どもたちに幸せで実りある人生を約束するうえで驚くべき役割を果たす。問題は、このことが一般に了解されていないことである。

本書では、私たちの子どもの人生に変革を起こす新しく明快な考え方を紹介する。つまり共感力は、あった方がいいという程度の「おまけ」の能力ではなく、実は、幸せで実り多い人生にとって欠くことのできないものであるとする考え方である。共感力は生まれつきの資質ではないということに、今では多くの研究者たちが気づき始めている。子どもはもともと思いやる心の素質を持って生まれてくるが、生まれながらにして共感が可能なわけではない。

共感力は私が本書で述べる基本的な九つの能力（1〜9章に対応する）で構成されている。共感力がどう子どもたちの役に立つのかについても、さまざまな調査・研究や識者の見解を引きながら説明したい。

まず、共感力は、子どもの将来の健康、富、本当の幸せ、人間関係の満足度、逆境を跳ね返す能力に影響する。共感力は、優しさ、社会性、道徳的な勇気を増す。また、いじめ、暴力、偏見、人種差別に対する効果的な対抗手段である。共感力はまた、子どもをグローバルな世界に向けて備え、職業選択にも役立つ。例えば『ハーバード・ビジネス・レビュー』誌は共感力を「優秀なリーダーと業績アップの必須要素」の一つとして挙げている[3]。今日の世界では、共感力を持つことはすなわち人生の成功を意味する。これこそ私が「共感力の特典」と呼ぶもので、これは、実り多く幸せな人生を送るため、また、複雑な世界を生き抜くための最先端の武器となる。

セルフィ症候群の増加と共感力の衰退

自分の写真を次々に撮ってはSNSに投稿し、「いいね」と賞賛してもらう「セルフィ」（自撮り）は大流行である。「私を見て」というネット上の流行《はや》りは現実世界にも波及して、子どものネット外での態度も変えつつある。特権意識を持ち、競争的で自己中心的な、これまでになかったような〝種族〟を作り出している。

私はこの近年の自己没入型の熱狂を「セルフィ症候群」と呼んでいる。それは、あらゆることについて自己宣伝、自己ブランド化、自己の利益を優先し、相手の感情や必要は退ける。これが私たちの文化に入り込んで、ゆっくりと子どもたちの心を侵食している。

憂慮すべき点を四つ挙げる。

1. 共感力の顕著な落ち込み

セルフィ（または、セルフィに代表される自己中心の文化）が今日の若者に取り返しのつかない害を与えている最初の兆候は、大学生の間にナルシシズム（自己陶酔）が増加している点である。[4] ナルシシストは、自分にとっての得《とく》にだけ関心がある。同時に他者への関心も増しているのなら、多少心配は薄れるかもしれないが、そうはなっていない。今のティーンは三〇年前に比べて、共感力のレベルが四〇％も低くなっているし、ナルシシズムは五八％増加している。[5]

2. いじめが明らかに増加している

共感力が衰退するところでは、攻撃といじめが増加し、加害者は被害者を、人間というより物と見なし始める。ある研究によると、二〇〇三年から二〇〇七年までのたった四年間に、若者のいじめが五二％も増加している。また、三歳の幼児の間でもいじめが始まるという調査もある。[6] 二〇一四年の研究は、ネットいじめの件数が一年間で三倍に増えたとしている。[7] 過酷ないじめが子どもの精神衛生に影響し、中学生の五人に一人はいじめを苦に自殺を考えている。[8] 行政も大変憂慮しており、現在では［合衆国の］五〇州すべてが、いじめ防止政策を法律化している。いじめは〝学習〟されるが、その〝学習〟を無効にすることもできる。共感力を培うことは、最良の解毒剤である。被害者の苦痛を我が身に置き換えて想像することができれば、苦しみを与えることは不可能に近い行為となる。

3. カンニングが増えるなど、道徳的判断力が弱まっている

倫理・道徳に関わることがもう一つの憂慮の種である。若者が道徳的価値観を学んでいないことについて、六〇％の大人は、深刻な国民的問題であると思っているし、[9] この二〇年間に子どもの道徳心は低下し、七二％のアメリカ人は道徳的価値観が「悪化している」と思っている。[10] 大部分の大

学生は「人に勝つためにはカンニングが必要だ」と言い、七〇%の学生がカンニングの経験を認めている。[11] 最近の大学生の最も典型的な判断基準は、個人の利益であって、相手への公正さではない。[12]

4. プレッシャーによる精神疾患

合衆国の若者の五人に一人は、一度は精神疾患を経験している。[13] ティーンは今や、大人よりも高いストレスを受けている。[14] 不安が増加すると、共感力は衰退する。自分の生存が危ういとき、相手のことを思いやるのはむずかしい。

思いやりを持ち、幸せでしかも実りある人生を送ることのできる人間を育てるためには、子育てと教育に関して、最新の科学と提携した大きな変化が求められている。本書では、この青写真を提供し、証明済みの最良の方策を育児や教育に応用できるようにしたい。

共感は人とのつながりで始まる

本書を書いている間、私は多くの感動的な経験をしたが、なかでも私の心に深く刻み込まれた事件がある。ルワンダで、両親に捨てられた聾唖児童のための孤児院を訪れた時だ。子どもたちの祖父母は大虐殺されていた。私は鉛筆一本、定規一本、ガム一袋、メモ帳一冊、あめ数個などと一緒に自国のアメリカの子どもからの手紙の入ったリュックを、一人ひとりの子どもに渡していた。子どもたちはプレゼントを受け取り中身を見ると、大変興奮した。

その時、とりつかれたような表情でリュックをあらためている一人の少年に気づいた。中からすべての物を取り出し、丁寧にそれを並べたが、まだ、何かを探し続けていた。もう一本鉛筆を探しているのかしら？　もっとあめを欲しいのかしら？　……彼は熱心に探し続け、そして突然、見つけたのだ。それは手紙だった。少年はそれをつかみ、においを嗅ぎ、それから、とても丁寧に広げた。私は側に行き、彼と一緒にそこに書いてある言葉を読んだ。

「こんにちは。僕の名前はジェイコブです。僕は一〇歳で、ミネソタ州に住んでいます。僕は君が住んでいる場所を地図で探して、キガリを見つけました。リュックに贈り物を詰めながら、僕は君のことを考えました。気に入るといいなと思います。元気でね。君のアメリカの新しい友達、ジェイコブより」

少年は一語一語むさぼるように、何度も何度も手紙を読んだ。それから手紙を胸の中にしっかりとしまい、泣き出した。彼は私を見て、自分の涙（それに私の涙）を指し、「愛」と手話をした。それから最も大切な宝物であるかのように、その手紙を指さした。この子には、自分を思いやってくれる人がいることを知ることが、まさに必要なことだった。世界中のどこであっても、それこそ、どの子どもにも必要なものである。

私はジェイコブがそこにいて、ジェイコブの言葉が新しい友達に与えた大きな影響を見ることができたらいいのにと思った。そうすれば、人生を変革する共感の威力を、ジェイコブが理解することになっただろう。

第Ⅰ部

共感力を発達させる

「あらゆる形の自己埋没は共感を阻害する要因となる。当然ながら、そのような状態では同情は期待できない。自分に目が向くと世界が収縮し、自分の問題や関心事ばかりが大きくなる。しかし、他者に目が向けば世界は拡大する」

ダニエル・ゴールマン

(土屋京子訳『SQ 生き方の知能指数：ほんとうの「頭の良さ」とは何か』日本経済新聞出版社、二〇〇七年、88頁)

第1章

共感力のある子は人の気持ちが分かる

――〝感情の読み取り〟を教える――

カナダのフォート・マクマレーで教育相談を行っていた時、とある学校長から「三年生が感情の読み取りを学習しているので、ぜひ教室でご覧になってください」と言われた。翌日、私は八～九歳の児童二六人と一緒に、この授業のために用意された緑色の円い毛布の隅に座って、〝特別な先生〟の到着を待っていた。

「この間よりもっと笑うかな?」と男の子が言った。

「僕たちに会うのを喜んでくれるといいな」と別の子が言った。

「静かにしてね――びっくりするといけないから」「ジョシュアは慣れるのに時間がかかるのよ」と女の子が注意している。

そうしているうちに、一人のお母さんが赤ちゃんを抱いて入ってきて、生徒たちはこの小さな〝先生〟に向かって歌を歌い始めた。

♪こんにちは、ジョシュア。ご機嫌いかが? こんにちは、赤ちゃん。今日のご機嫌いかが?♪

お母さん(地域のボランティア)は毛布の真ん中に生後七か月の息子を静かに置いた。ジョシュアが来るのは、今年三度目だ。生徒たちは、たった数週間のうちに、ジョシュアがどれほど変わったかに驚いた。「共感力のもと(Roots of Empathy)」と呼ばれるプログラムの一環で、お母さんは、あと六回来ることになっていた。このプログラムはメアリー・ゴードン(後述35頁)によって考案されたものである。この日、まだおしゃべりもできない赤ちゃんが教師となった、見事な四〇分間の〝感情の読み取り〟授業を私は目のあたりにした! 生徒は、赤ちゃんの顔、身振り、声を手掛かりにして、赤ちゃんの感情を読み取り、理解することを学んでいた。

「ジョシュアは今日、どんな気持ちかしら?」と「共感力のもと」プログラムの研修を受けたインストラクターが赤ちゃんの気持ちに寄り添うようにと促した。「ジョシュアは自分が望むことをまだ言えないけれど、身体で教えてくれるわ。ジョシュアは何を考えているかしら?」

「ジョシュアは僕たちが誰かなって考えているところだよ」と一人が言った。

「よく見ていて。ジョシュアはどんなふうに感じていると思う?」

「もしかしたら、不安なのかもしれないわ」

「見て! ジョシュアが手を握っているよ」

「ねえ、大丈夫よって、笑いかけようよ!」

全員で微笑むと、ジョシュアは子どもたちの微笑みに気づき、すぐに自分も微笑み返した。

「ジョシュアは共感を学んでいるのね」と隣にいる生徒が私にささやいた。

私は頷いた。しかし、ジョシュアだけが「ほかの人と共に感じる」ことを学んだのではなかった。その日、一人の七か月の赤ちゃんは二六人の生徒が、ほかの人の気持ちに寄り添い、感情を読み取り、必要を考慮し、優しく振舞うといった重要な概念を理解する手助けをしたのだった。

それ以来、私はいくつかの学校で「共感力のもと」の授業を見学し、多くのインストラクターや、両親、教師、子ども達にインタビューしたが、その度にこのプログラムの持つ力強い効果に心を揺すぶられた。生徒達は言う。

「このプログラムは、人は一人ひとり異なる感情をもっていること、そして、それぞれの個性をいつも尊重することを教えてくれた」(一〇歳の女子)

「『共感力のもと』は、人の外見が異なるからといって中身も異なるわけではないと分からせてくれた」(一一歳の男子)

二〇〇〇年以来、「共感力のもと」は、プログラムに参加した生徒の行動変化を測る研究によって高く評価されてきた。ブリティッシュ・コロンビア大学の大規模な研究では、「共感力のもと」を受講した生徒と一般の生徒を比べて、受講した生徒は、「不当な攻撃」（自分の望むものを得るために他者に心ない攻撃をする）が八八％低下していることを発見した。[1] 子どものいじめが多くの人々の関心事である現在、驚くべき成果だ。私はこのプログラムについてもっと深く知ろうと、開発者にインタビューすることにした。

「共感力のもと」は、カナダのニューファンドランド島出身で、幼稚園教諭として出発したメアリー・ゴードンによって一九九六年に始められた。会ってみると、親しみやすく、穏やかな話し方をする女性だった。彼女は、さまざまな家庭と関わる仕事をしている間に、子どもに対する暴力や虐待の破壊的な影響を知って、この悪循環を断ち切るためのプログラムを開発した。[2]

ゴードンは赤ちゃんが、ほかの子どもの生活を変革する力を持つことに関連して、ダーレンという少年の例を話してくれた。ダーレンは八年生だったが、二回落第したので、クラスメートより二歳年上だった。ダーレンの母親は、彼が四歳の時に彼の目の前で殺され、その後彼は次から次へと様々な里親の家で生活することになった。彼は、自分の強さを誇示するために頭の周りを剃り上げ、後頭部に入れ墨をして、てっぺんをポニーテールにしていた。しかし、心の奥底に傷を抱えていたのだ。

ダーレンは、「共感力のもと」の授業に参加していた。その日、六か月の赤ちゃんを抱いたお母さんが来たのだが、「エヴァンは抱っこされるのが好きじゃないの」と生徒たちに伝えた。ところが驚いたことに、ダーレンが、「エヴァンを抱いてもいい？」と尋ねたのだ。お母さんはちょっと心配そうだったが、赤ちゃんを彼に渡した。

ゴードンは言う。「ダーレンは赤ちゃんを静かな部屋の隅に連れて行き、数分間、腕に抱いたまま左右にそっと揺らしたのよ。それから元の所に戻って、『これまで誰からも愛してもらえなかった人でも、いい父親になれると思いますか？』と、そのお母さんに尋ねたの。」

ゴードンは、その時に気づいたと言う。思いやりがあり、他人に関心を持つ人間性豊かな子になるかどうかは、幼い頃の愛情豊かな人間関係に大きくかかっていると。そして、子どもが共感力を獲得するためには、共感を実際に経験しなければならないこと、さらに、共感を表現する言葉を学ぶ必要があることにも気づいた。

ゴードンは、「感情の読み取り能力」と彼女が呼ぶ事柄についてこんなふうに語った。「読み書きの学習と同じように、ほかの人との関係の築き方を学ぶことは重要です。感情の読み取り能力がないと、自分の感情を理解したり、言葉で表したり、他の人の感情を理解することができずに、私たちはみんな独りぼっちになってしまいます」と。

一〇か国で八〇万人以上の子どもが、この「赤ちゃんによる授業」を受けている。

ほかの人の感情に寄り添うことを学ぶ

二歳の子が、母の目に浮かぶ涙を見て、優しく母親の顔をなでる。小学生の子どもが、友達が悲しんでいるのを見て、彼の肩に優しく腕をかけ、「大丈夫だよ」と話しかける。あるいは、おじいちゃんの表情がさえないのに気づき、「おじいちゃん、疲れたの？　ハグしようか？」と聞く。

これらすべては、感情知性（Emotional Intelligence）――自分やほかの人の感情を理解しようとし、共感し、考慮したうえで、適切な行動がとれる力――によるものである。私はまだ小さい子どもたちに話すときには、それを「感情に寄り添う」と呼ぶことにしている。本書で学ぶことになる、九つの基本的な習慣――将来の幸せと成功につながる「共感力の特典」を子どもが得るためのツール――の最初のものであり、決定的に重要なものである。うれしいのは、感情知性は生まれつきのものではなく、育むことが可能な能力だということである。

感情の読み取り能力は、共感の扉を開ける鍵である。共感するには、誰かの感情や自分自身の感情を読み取ることができなければならないし、そのようにして初めて、ほかの人の感情に寄り添うことができる（「あの子は笑っている……きっとうれしいのね」「あの子は前かがみになっている……疲れているのかもしれない」「あの子が悲しそうだと、私も悲しい」）。これは、思いやりのある行為に通じていく。

感情知性を育んでいる子どもは、「感情のＡＢＣ」を知らない子どもよりも、ずっと賢いし、優しく、幸せで、加えて忍耐力がある。また、より適応力があり、より人から好かれ、より社交的で、感性が豊かであると科学者たちが示している。[3] 感情に敏感な子どもは、ほかの人の感情と要求を考慮することについて援助を受けていない子どもよりも、健康で学業も優れている。[4]

この力は、子どもとの間に親密な人間関係を築くうえでの土台であると同時に、子どもがほかの人に対して共感を覚え関係を築く能力を得る基礎になる。

ほかの人の感情に寄り添うことが難しい理由

共感力を育むことを阻害する大きな問題は、競争に備えることを過剰に意識する傾向や、デジタル機器漬けの〝私〟中心的な文化が、相手の感情の読み取りを学ぶ機会を、子どもたちから奪い取っていることにある。

「デジタル機器漬け」の文化

健康的な感情の触れ合いのために一番効果的なのは、顔と顔を合わせてのコミュニケーションである。これは、感情を学び、人間関係を築く手立てを構築する一番シンプルな方法でもある。しかし現実は、八歳から一八歳の子どもは、毎日平均で七時間三八分デジタル媒体に接続している。八歳以下の子どものほぼ七五％が、家庭でなんらかの「スマート」機器を利用している。就学前の子どもは一日に平均四・六時間を映像メディアの前で費やしていて、二歳～四歳児のほぼ四〇％がスマートフォンやＭＰ３プレーヤーやタブレットを使っている。三〇％の子どもは、まだおむつをしているうちに携帯機器で最初に遊ぶと、最近の研究が報告している。[5]

計算してみよう。子どもが夜八時間睡眠をとり、学校とその他の活動で八～九時間過ごし、先に書いたような時間をデジタル機器に向かって過ごすとすれば、実際に顔を合わせての触れ合いの機会はわずかである。つまり共感力を育む機会が急速に失われつつあるのだ。

「デジタル未来センター」の調査は、家族と過ごす時間が少なくなったと話す親の割合は、たった二年間で三倍になったと報告している。[6] 減少の理由は、主にインターネット接続の時間の増加だと、親は話している。憂慮すべき事態である。直接的なつながりの中で得られていた感情の読み取りと共感を学ぶ機会が減少している。それに、私たちも自分の子どもと過ごす貴重な時間を失うことになる。家族の交わりを優先し、デジタル機器に引きずられる世界に対して親の影響力を減少させないために、私たちが「ネットに接続しない神聖な時間」を作りださなければならない決定的な理由が、ここにある。

性別によって異なる対応

ほとんどの親は「自分の子にはどの子にも同じことを話す」と言う。しかし、専門家の見解は異なる。感情に関することになると、私たちはどうも性別によって異なる対応をしていて、女の子のほうが適切な扱いを受けているようだ。

たとえば母親は、二歳の息子より娘に対するほうが、感情について話すし、説明もする。その結果、男の子と女の子の振舞いに、直ちに違いが表れてくる。二歳半までには、女の子のほうが男の子よりもずっと、顔の表情や身体表現の読み取りに優れていると、研究が示している。四歳児であれば息子より娘に対するときのほうが、私たちは頻繁に「うれしい」「悲しい」「心配」などという感情の言葉を使う。女の子と男の子の差は、ここからもっと広がっていく。[7]

また、感情体験に関する話についても同様の傾向がある（「おばあちゃんは、私たちが遊びに行って喜んでいたでしょ？」）。こういったことはすべて、感情に関心を寄せる機会を、女の子がより多く得ていることになる。さらに、私たちは、女の子に対して、「感情に寄り添う」ことをより強調する（「誰も遊ぼうとしないから、あの子は悲しそうね。あの子の目と口を御覧なさい。あの子をなぐさめるために何ができるかしら？」）。

一方で男の子に対しては、感情の原因や結果を話すことが多く、感情の読み取りを学ぶ手がかりをなおざりにしてしまう（「からかわれても、ショックを受けているところを見せたらだめよ」「泣くんじゃないの。強くなりなさい！」）。

親の何気ない対応が、女の子はより繊細に、男の子は感情を制御するようにという誤った考えを子どもに伝えることになる。

男の子は生まれつき感情に寄り添わないのではない。ハーバード大学の心理学者ウイリアム・ポラックは、二一か月の幼い男の子が、痛みを感じている人を助けたいと願う、共感能力を示すことを指摘している。[8] それなのに、私たちは女の子に感情を分かち合うことを奨励する一方で、男の子には「強くなりなさい」「涙を見せてはだめ」「感情を表に出してはだめ」と話す。男性ホルモンが共感や感情読み取り能力を消し去ることはないが、上述したような親の意図しない、しかし不適切な対応で、そうなるのかもしれない。

常に急《せ》かされる世界

「いつもスマートフォンをいじってる。ほんとうにイライラする。」「みんなでテレビを見ているときは、携帯電話をしまってくれたらいいのに。私よりも、スマートフォンのほうが大切みたい。」私たちは子どもがデジタル機器漬けだと批判するが、ここに挙げた不平は子どもから私たちに向けられているものである。そう、子どもは私たちの振舞いについて不平を言っている。

ある全国調査によれば、六二％の子どもが、話しかけた時に両親がうわの空だと指摘している。[9] 一番の原因は、携帯電話である。ファスト・フード・レストランで研究者が詳細に観察したところ、子どもの不満は当たっている。携帯電話が側にあるとき、親の注意は主にその携帯電話に向けられ、子どもに向けられていない。[10] 画面を操作するたびに、子どもと一緒に座り、顔を向けて話す機会を減らすことになり、共感を築く機会を失っているのだ。

別な研究では、低学年の子どもに数か月間録音装置を身に着けてもらい、家庭での録音を分析し、テレビが親と子どもの触れ合いを減らしていることを証明した。テレビがついているときと消えているときで、大人に話しかけられる言葉の数を比べると、ついているときのほうが一時間当たりで五〇〇〜一〇〇〇語少なかった。[11] このような数字は、言葉の習得や感情読み取りの学び、社会性の育みに対して、また、顔と顔を合わせる家族の大切な交わりにも、深刻な影響を及ぼしている。

しかし、解決策はある。後述するように（「科学に聞く」）、最近の科学的研究によると、赤ちゃんは生来、感情に寄り添うものとして生まれてくる。赤ちゃんの感情に応え、顔を合わせてのつながりを持ち、シンプルなやり取りをしっかりと維持しなければならない。

科学に聞く

ほかの人の感情が分かるようになる道筋

「ほかの人の立場に立つ」ことができる前に、子どもはまず、表情や身振りや姿勢や声の調子から言葉によらないヒントを読み取る能力を育まなければならない。この一〇年間に科学者は、赤ちゃんや幼児が感情について、実はとても多くのことを知っていることを発見をした。赤ちゃんは、生まれながらに共感力をもっているのだ。

多くの親は、思っていたよりもずっと早く赤ちゃんが気持ちに寄り添うものだと知って驚く。マッシュ夫妻は、テレビ番組の撮影をしていた時に、それを発見した。夫妻は自慢の六つ子の親だった。私は「六つ子を育てる」という番組の企画で「魔の二歳児」の年齢にあたる〔訳注：二歳くらいで自我が出てきて、親が手を焼くことが多いため、「魔の二歳児」とよく言われる〕六つ子の育児を手助けする専門家の役割だった。

息子自慢の父親は、息子の一人が初めて髪を切ってもらう場面のビデオを、撮影の合間に見せてくれた。私たちは、グラント君が椅子に座らされ、記念すべき瞬間を喜んでいない様子を見守った。グラントは、母親が最初の一つまみの毛を切ると、泣き声をあげた。二回目のハサミで、彼は泣き喚いた。でも、彼には援軍がいた。彼の五人の弟妹が兄の泣き声を聞きつけ、突然大声で泣き出したのだ。これは感情の伝染と呼ばれる。弟妹の泣き声で、グラントの泣き声はすすり泣きに変わった。さらには、生まれたばかりの赤ちゃんでさえも、ほかの人の苦痛を認識することが判明している。

赤ちゃんは生まれつき共感者である

病院の新生児室を訪れてみるといい。新生児は、ほかの赤ちゃんが泣くのを聞くと自分もその泣き声に加わる――すると、すぐに部屋中の赤ちゃん全員が声を揃えて泣き喚く。どのようにこの現象を理解すればいいだろうか。ある研究者は、特別に考案された録音を新生児に聞かせて、驚くべき発見をした。

生後一日目の赤ちゃんは、別の新生児が泣いているテープを聞くと、泣くことが多い。しかし、その赤ちゃんは、自分自身の泣き声や一一か月の赤ちゃんの泣き声の録音を聞いたときには反応しなかった。[12] ニューヨーク大学の心理学者マーティン・ホフマンは、ほかの人と一緒に泣くという生まれつきの素質は、共感力の最初の前触れらしいと考える。[13]

赤ちゃんは人の顔を見ることが好きだし、視線を合わせてくれる人が好きで、人の声（特に母親の声）がほかの音よりも好きだ。それを確かめるために、研究者は二種類の顔（視線をまっすぐに向けているものと視線を逸らせているもの）を、赤ちゃんに見せた。赤ちゃんは視線がまっすぐに向けられている顔を、より長い間見つめた。つまり、赤ちゃんは視線を合わせてくれる人の顔を見るのを好むということである。[14]

しかし過去一〇年間で、おそらく最も興味深い発見は、脳内における感情理解の仕組みを解読しつつあることだろう。三歳二か月の幼児達に八つの電極を埋め込んだ小さな帽子をかぶってもらい、母親に抱いてもらった。その一人ひとりに、女優が笑ったり泣いたりする映像を見せた。子どもは女優の笑う場面を見ると笑い、前頭葉の左側で電気活動が活発化した。女優の泣く場面を見ると、子どもはしかめ顔をし（泣き喚く子もいた）、前頭葉の右側の活動が活発化した。[15]ネイサン・フォックスとリチャード・デイビッドソンによる、今では有名な研究は、情動神経科学と感情の脳科学的基盤についての分野を切り開いた。そしてこれもまた、赤ちゃんがほかの人を思いやるように生まれついていることを示した。

カリフォルニア大学の心理学教授アリソン・ゴプニックは、著書の中で、感動的なエピソードを紹介している。ゴプニックが大変な思いをした一日の後で泣いていると、二歳の息子が心配して走って行き、バンドエイドの大きな箱を持って戻ってきた。それから、涙と「イタイ、イタイ」が飛んでいくようにと、母親のいたるところにバンドエイドを貼り付け始めた。それは二歳児が知っている「ママを治す」最良の方法だった。[16]

これは、感情の読み取りがどのようにして思いやりなど社会性のある行為につながるかを示している。この二歳児は「涙は悲しみを意味する」と理解し、母親を慰めることにしたのだろう。

誰かの苦しみに潜んだメッセージを理解することは、共感の扉を開けるもう一つの鍵である。二歳くらいで、子どもは本当の意味での共感を最初に示し始める。もっと小さい赤ちゃんはほかの人の苦しみを見たり聞いたりすれば泣くが、二歳くらいになると、それを楽にしてあげようとする。これは奇跡的な瞬間である。

「ほんとうの共感は、ほかの人も自分と同じように感じるものだと知ることだけではない。ほかの人は自分と同じように感じていないことを知っていて、それでも思いやることができるということである」と、ゴプニックたちは説明している。

それに続く数年、幼児は感情読み取り能力を育み続け、ほかの人の顔、声の調子、身振りから感情を読み取り、個々の感情を表す言葉の獲得がさらに進む。言葉は子どもの共感能力を一層高める。「パパ、悲しそう」とか「お友達が怖がってる」などの表現は、子どもが自分中心の「私、私、私」の状態から移行し、思いやりのある「アン・セルフィ」な人間になるための準備ができていることの指標である。

感情の語彙を持っているからといって、子どもが感情を共有し、思いやり、慰めるようになることを保証するものではない。適切な育成、模範、援助、経験、認知的発達が、共感の十分な開花のために必要である。

感情の特定を教える方法

あらゆる出会いが子どもの心の力を強めるわけではない。共感は人間関係から生まれる。最良の「心の訓練」は、身近なところで、直接関わりながら感情にあふれた経験をすることである。その意味で、赤ちゃんは子どもにとって理想的な教師である。赤ちゃんが繰り返し教室を訪れることにより、子どもは、赤ちゃんに寄り添い、思いやることを学ぶ。とはいえ、赤ちゃんだけが教材ではないので、要は自分の子どもに効果があるものを探すことである。

例えば「感情のコーチング」という、心理学者ジョン・ゴットマン〔本章注４を参照〕によって開発された方法がある。人間にはさまざまな感情があること、その起こる理由、そして対応の仕方を、子どもが理解できるように大人が手助けすることで、感情知性と共感力を築くという。ゴットマンの三〇年におよぶ研究は、親がこの「感情のコーチング」をすることで、子どもは「共感力の特典」――より幸せで、より忍耐心があり、ストレスが少なく、より適応力があり、より高い読み書き算能力――を手に入れることを見出した。私自身やってみて、これが簡単でしか**も**効果的だと知っている。

リッキーは忘れられない生徒である。彼はとても思いやりがあったので、みんなリッキーが大好きだった。誰かイヤな思いをしている人を見かけると、放っておけず、その人の気持ちに寄り添おうとする子どもだった。

ある日、彼が苦労しながら一枚のカードを作っているところを見かけた。

「これはママ宛てなの」と、はにかみながら言った。

「お母さんのお誕生日？」

「違うよ。ママはいつも僕の気持ちを考えてくれるから、カードをあげるの。」

私は彼の母親の子育てについて知りたくなった。次の週、学校の行事でこの母親が息子と一緒にいるのを見守っている時に、その秘訣を知ることができた。二人が一緒にいたのはほんの一分間もなかったが、彼女のコミュニケーションは金賞ものだった。彼女は息子のところに歩いて行って、ぴったりと向き合って屈み込み、眼差しは彼の目にだけ向けられていた。彼が話す間、彼女はしっかりと寄り添い、彼以外のすべてを排除した。二人の気持ちは互いに通い合っていた。

母親は、子どもの言葉だけではなく、言葉の背後にある気持ちに耳を傾けていた。彼女は簡潔な確認の言葉で答えていた。「うれしいのね！」「誇らしく思っているのね」と、息子の気持ちの意味付けをし、また、自己理解を促すように、「そのあとどんな気持ちになったの？」と聞いていた。

母親は「感情のコーチ役」として、わが子が感情を理解する手助けをしていた。「共感力のもと」のインストラクターも、生徒が「自分たちの」赤ちゃんの感情を理解するのを助けるために似たような問いを投げかけていた。

以下、子どもが感情を特定するために手助けとなる方法を五つあげておく。

・**感情のコーチとなる。**しっかりと顔を見て、話を聞く自然な瞬間をとらえ、子どもの感情を確認する（さらに詳しく知りたいなら、ゴットマンの本をお薦めする）。

・**赤ちゃんに寄り添う。**もしあなたの家に赤ちゃんがいるなら、「共感力のもと」の方法を使うのもいい。いなければ、子どもの遊び友達やご近所に、赤ちゃんのいる家庭はないだろうか？

・**子犬を育てる。**動物は感情を理解する格好の手がかりとなる。「ファイドの尻尾を見てごらん。何を言っていると思う？」少し年上の子どもなら、動物の保護シェルターでボランティアができないだろうか。子どもが世話をし、訓練しながら感情を観察できるような動物を探すといい。

・**ほかの子どもを教える。**年長の子どもであれば、困っている子に、コーチすることを奨励するといい。子どもは、自分の「生徒さん」と気持ちが響きあえる方法を見つけようとするだろう。

・**おばあちゃんとスカイプで話す。**スカイプやフェイス・タイムは親しい人と顔と顔を合わせてのつながりを感じられるすばらしい方法である。スカイプをする前に相手の感情の状態を考えてみると、共感力を育む助けになる。「おばあちゃんがどう思うか、どうすれば分かる？」「おばあちゃんの顔にどんな表情が現れたら、もう話を切り上げるときだと分かるかしら？」等々。

共感力アップ—その1
感情に寄り添う

感情をより正確に読み取ることは、共感力と思いやりを培う最初の一歩である。ここに挙げる四ステップの練習から始めるといい。日常生活の中で心がけ、一つ一つ進むようにする。

ステップ1●立ち止まり、寄り添う

共感はお互いに注意を向けることから始まる。だから、子どもとつながりを持つ時間には、他のことはすべて「停止」ボタンを押し、一緒に過ごすことに集中する。家族とのつながりをデジタル機器などに邪魔させてはいけない。四つの決まりを厳守するといい。ほかの人が話していたり、傍にいたりする時には①メールを送らない、②タブレットやスマホを操作しない、③携帯で話さない、④テレビを見ない。

ステップ2●顔と顔を合わせる

視線を合わせることで、子どもは人の感情を読み取ることを学ぶ。だから子どもと向き合い、話す時は同じ目の高さになること。そして「常に話し手の瞳に注目する」習慣を厳守する。そうすることで、子どもも視線を合わせ、表情、声の調子から感情の手掛かりをつかめるようになる。〈ヒント〉視線をどのくらい合わせていられるか、にらめっこをしてみるのもいい。もし子どもが視線を合わせることに抵抗があるようなら、「目と目の間を見るように」とアドバイスしてもいい。

ステップ3●感情に焦点を合わせる

子どもが感情についての語彙を学ぶのを助けるための簡単な方法を三つあげる。

・**感情を名づける。**「あなたは怒っているようね」「イヤな思いをしているみたいね」「イライラしているようね」

・**感情に寄り添うような問いを投げかける。**「怒っている（緊張している、不安な、心配している、イヤな思いをしている）の？」

・**身振りと感情を結びづける。**「顔をしかめているね、疲れているの？」「手を握り締めているよ、不安なの？」等々。大事なのは子どもの感情を批判しないこと。ただ共感をもって耳を傾け、彼らの感情を確認してあげることだ。

ステップ4●感情を表現する

子どもが感情についての語彙を持つようになったら、感情表現を実践する機会が必要となる。メアリー・ゴードンは次のように言っていた。「私たちは『あの子はどんな風に感じたと思う？』という問いで始めるべきだと思いがちです。けれども、『あなたはとても気持ちが動転したにちがいないわ』という言い方で始めたほうがうまくいくと思います。コツは、子ども自身がどのように感じたか述べるのを助けることにあります。次に何か起こった時に、子どもが自分の感情を言葉で表現できるようになることです。そのようにして初めて、子どもは『僕がジョニーをぶった時の気持ちと同じだ』と言えるのです」。

子どもが自分の気持ちを表現できるようになって初めて、今度は、「あなたはどう感じているの？」から「あの子（あの子たち）はどう感じているかしら？」へと、代名詞を取り換えて問うべきである。この代名詞の一ひねりで、焦点を自分自身の感情から離し、ほかの人について考え始めることになる。

感情の読み取りを助ける方法

感情はスマートフォンなどのデジタル機器を使うことでは学べない。そこで、家族がお互いに注意を向けられるように、デジタル機器に触れない時間を確保しよう。

・**デジタル機器の使用状況をチェックする。**自分の家の通話、Eメール、SNSの履歴、テレビ、タブレット、コンピューターの使用状況を定期的にチェックするといい。どれくらいの時間使っているだろうか。使用時間を見直す必要はないだろうか。

・**接続しない時間を設定する。**デジタル機器使用のしっかりした決まりがある家庭の子どもは、デジタル媒体を使う時間が少ないという結果を、カイザー家庭研究財団の研究が明らかにした[17]。時間（食事の時間など）と場所（居間など）を定めて、そこでは家族全員に対してデジタル機器の使用制限を設ける。

・**あなた自身の習慣をチェックする。**あなた自身がデジタル機器を使用する時間を制限することで、あなたがわが子を優先していると、子どもに知らせることになる。だから、携帯電話を常時チェックする習慣と戦うことだ。重要な電話にはアラームを設定し、決まった時間にチェックを行い、子どもが話しかけたときには、携帯電話は切ることにするといい。

・**一緒に食事をする。**週に数回、デジタル機器なしで一緒に食事をするという簡単な行為が、子どもの社会的・感情的発達とともに、学校の成績にもプラスの影響を与える。少なくとも週に一晩、家族がその日の出来事や感じたことなどをおしゃべりできる夕食のひと時があるといい。

・**感情を分かち合う。**子どもが感情の読み取りを学ぶ簡単な方法は、様々な事柄をあなたがどのように感じ、なぜそう感じるのかを、子どもに話すことである。『リコーナ博士の子育て入門――道徳的自立を目指して』（三浦正訳、慶応通信、一九八八年）の著者トマス・リコーナは、息子たちとドライブするのを慣例とした。その際、ラジオやデジタル機器の電源は切り、子どもは一人ずつ、父親にお父さんの一日がどんなだったかを聞くことになっていた。「今日は頼んであったコンピューターが届いたのでとてもうれしかったよ」といった具合だ。「慣れるのに少し時間がかかったけれど、すぐにみんなその日に感じたことを話すようになった」とリコーナは言った。感じたことを家族で分かち合う時間をつくろう。

●年齢別の方策

ここでは、子どもが「感情に寄り添う」のを助ける効果的な方法を提案する。自身の家庭にあったものを見つけてほしい。参考までに各方法の推奨年齢を末尾に示した（以下各章同様）。

方策	内容	年齢
感情を表す語彙を増やそう	語彙：気持ちがいい、落ち着いている、優しい、快活だ、心地よい、自信がある、満ち足りている、協力的だ、創造的だ、好奇心がある、すばらしい、自由だ、付き合いやすい、おおらかだ、穏やかだ、うれしい……。怒っている、煩わしい、心配だ、不安だ、ひどい、裏切られた、飽きた、憂鬱だ、がっかりした、幻滅だ、気が散る、きまりが悪い、怖い、げんなりだ、居心地が悪い……。	すべての年齢
言葉以外のヒントを読み取ろう	顔の表情、声の調子、身体の姿勢、仕草から気持ちを読み取る。一〇代前半の子どもは、特に感情のヒントを「誤読」しやすい。感情の状態に正確な名前をつけ、「私は怒っていないわ、疲れているだけよ」などと、誤解を指摘する。	すべての年齢

消音モードで映画を見よう	数分間テレビの音を消し、俳優が何を感じているのかを、仕草（ボディ・ランゲージ）からみんなで想像してみる。	すべての年齢
赤ちゃんの頃の写真を利用しよう	アルバムの写真を見せて、そこに写っている赤ちゃんの感情を話しあってみる。	幼児、小学生
「感情の探偵」になろう	ショッピングセンター、食料品店、公園などで、人々の会話（声）を聞かないで、顔や仕草を見てその人の感情を子どもと一緒に推察してみる。	幼児、小学生
感情を表す言葉をもっと使おう（特に男の子）	男の子は、何かしているときに心を開くことが多いので、息子と座ってゲームやレゴや体操をしながら、感情についての話をする。	すべての年齢
感情豊かなビデオを使おう	登場人物の様々な感情がよく描かれた作品を選び、親子で登場人物の感情を語りあう。 お薦め：「インサイド・ヘッド」「バンビ」「オズの魔法使い」「ライオン・キング」「眠れる森の美女」「ハリー・ポッター」シリーズ、「怪盗グルーの月泥棒」	すべての年齢
感情を表すカードを使おう	感情を表す顔をインターネットや雑誌などから探して、それを糊で貼ったカードを作る。 ①ジェスチャー遊び。低学年なら六種類くらいの感情（うれしい、悲しい、怒っている、怖がっている、驚いている、嫌がっている）を表すカードを使い、その感情	①すべての年齢

	を表す言葉を言ったり、そのジェスチャーをしてみる。またはジェスチャーを見て、ほかの子どもがその子の気持ちを当てるゲームをする。②けんかをした時に、カードを使って和解を助ける。自分の感情（混乱している、心配だ、羨ましい、など）を表すカードを相手に示すことにより、互いの感情を理解し合い、和解の助けになる。[18]	②小学生以上
色カードあるいは色磁石で、今の気持ちを伝えよう	黒板や家庭の冷蔵庫に磁石をつけて、その日の教師や親の気持ちを子どもに伝えることができる。子どもがこの方法を使うこともできる。	小学生以上
絵本を活用しよう	絵本などを読み聞かせながら、挿絵に描かれた登場人物の表情について話し合う。「この子はどんな気持ちかな？」「なぜこんな気持ちになったのかな？」「その気持ちを表す顔をしてみようか。」お薦め：アリキ・ブランデンバーグ『きもちをつたえることば』（谷地元雄一訳、偕成社、二〇〇一年）、エリザベス・クレアリー『子どもの心をしずめる24の方法』（田上時子・本田敏子共訳、築地書館、二〇〇七年）、ジャナン・ケイン『きもち』（石井睦美訳、少年写真新聞社、二〇一三年）、ドクター・スース『いろいろいろんな日』（石井睦美訳、BL出版、一九八八年）	幼児、小学生

第2章

共感力のある子は道徳的自己認識がある

――倫理的規律を発達させるには――

「道徳的自己認識」とは、自分のことを、正しい行いをする人間だと思うことである。

一九五〇年代の子どもは、のびのびと遊べた。デジタル玩具はなかったが、楽しい「子ども時代」があった。テレビ・ドラマ「ハッピー・デイズ」に描かれたその時代にチェスリーという子がテキサス州のデニスン市郊外で育った。彼の子ども時代はハッピー・デイズそのものだった。週末はキャンプやハイキングや魚釣りに出かけ、町でただ一つの映画館で時折映画を見て過ごした。

チェスリーの家庭には、大切にしている価値観があった。両親の教えで、年長者を敬う心だ。また、両親は生涯にわたる強い社会的責任感と仕事上の倫理観が育まれるように接した。だから家事の分担で早起きするなどは当然だった。父親の背を見て、「どんなことでもやればできる」と学び、母親からは奉仕の精神を学んだと、チェスリーと妹は私に話してくれた。

一九六四年三月のある晩、NBCテレビのニュース番組で、一家は、キティ・ジェノバースという若い女性が、ニューヨークの自宅アパートの前で刺殺されたことを知った。警察の発表によると、三八人もの人が彼女の助けを求める叫び声を聞くか、残忍な犯行を見るかしていたが、誰も助けに入らなかった。彼らは「関わりたくなかった」のだと思われる。[1]

「誰も助ける人がいなかった」ということがチェスリーの心から離れなかった。彼は次のように誓ったと回想している。「キティ・ジェノバースのような人が助けを求めている状況に居合わせたら、僕は行動する。できるだけのことをする。誰も見捨てられるようなことがあってはならない。」

チェスリーは、「ほかの人を思いやり、決して傍観しない」生き方をしようと決心したのだ。多くの経験と多くの人々が彼の自己像形成を助けたが、このシンプルな約束事が、道徳的自己認識を形成した。その後、彼は大学に進み、仕事に就き、結婚し、子どもも生まれたが、その誓いが揺らぐことはなかった。そして四十五年後、その誓いが決定的な重要性を持つことになった。

二〇〇九年一月一五日に、この誓いが実行された。今や彼は飛行機のパイロットで、彼の操縦するUSエアウェイズ機はニューヨークのラガーディア空港を飛び立ったばかりだったが、雁の群れに衝突し、両方のエンジンを損傷した。彼に残されたただ一つの安全な方法は、ハドソン川に着水することだった。そして、彼は損傷した機体を奇跡的に着水させ、一五五人の旅客と乗務員全員の命を救った。

これは「ハドソン川の奇跡」と呼ばれ、航空史の中で最も際立った緊急着水と考えられている。少年の日の誓い通りに、チェスリー機長は、誰も機内に取り残されていないか通路を二回確認してから、最後に機体を離れた。

これは賞賛すべき勇気として、多くの人に感動を与えたエピソードである。しかし、あの日示された高潔さ、勇気、愛の精神はそれ以前の年月に育まれてきたものだと、彼自身は思っている。「私は多くの力強い教訓と経験——そして多くの人々——によって育てられてきた。それらの教訓は、必要とされるまで、あたかも銀行に預金されていたかのようだ」と述べている。[2]

道徳的自己認識を発達させる

もし子どもが自分のことを思いやりのある人間だとイメージできるなら、その子は思いやりのある人になる可能性が高い。共感力のある子どもを育てるためには、道徳的自己認識が決定的に重要なのだ。

「頭のいい子ね！」「すごい才能だわ！」「あなたの成績が自慢よ！」私たちが我が子の成功を誇らしく思うのは当然である。しかし、子どもの気持ちを高めようとして、私たちは学業やスポーツに焦点を置きがちである。見逃されているのは、思いやり、寛容、思慮深さ、他人への関心のような道徳的な成果である。九三％もの大人が、子どもに道徳的な価値観を伝え損なっていると感じている。[3] さらには、「優しく思いやりがあること」は子育ての優先順位として高くすらない。思春期の子どもの三分の二は、善い人間であることよりも、自分自身の幸福を重視している。

私たちは一般的に、自己イメージに合わせて行動する。だからもし子どもに共感力のある人になってほしいなら、子どもは、自分のことを思いやりがある人間だと意識し、ほかの人の気持ちや考えを尊重することを学ばなければならない。また、大人は、子どもが道徳的な強さと思いやりの重要性を認識し、重んじる大切さを学べるように手助けをする必要がある。

道徳的自己認識を発達させるのが難しい理由

それぞれの文化には、子どもの自己認識を形成するための固有の価値や優先順位がある。チェスリー・サレンバーガー機長は、強い社会的責任感を持ち、他人を助けることが重要であった一九五〇年代に育った。今日では、人格形成は後部座席に押しやられ、「成功」という基準に置き換わっている。現代人の目標は富と名声であり、優先順位は自分自身である。このような価値観と優先順位の著しい移行により、今日の若者が、ほかの人の視点や気持ちを尊重する強い道徳的自己認識を形成することは難しくなっている。ほんの一部だが、今日の課題を以下に述べる。

自己陶酔が蔓延している

自己陶酔の現象は、過去数十年間に確実に増加している。ギャロップ社は、一万一千人以上の一〇代前半の若者を対象とした世論調査の回答を比較した。四〇〇以上ある項目のうちで、過去四〇年間で一番大きな変化を示した一つは、「私は重要な人間だ」という意識だった。一九五〇年代にはほんの一二％だった「自分は非常に重要だ」と考える人が、一九八〇年代の後半までに八〇％以上に増加した。[4]

それどころか、自己陶酔はまだまだ増加の一途をたどっている。これは確かな道徳的自己認識の発達には、問題となる情報である。「自分は特別だ」と感じる子どもは、自分の要求と気持ちに焦点を置き、自分の視点でしかものを見ない。彼らの世界観からは、自分以外の人が抜け落ちている。

褒め言葉を大盤振る舞いしている

複数の要因が子どもを「自己中心モード」に閉じ込めるが、絶え間なく過度の褒め言葉を与えることは、最も罪が深い。今日では、子どものお絵かきはすべて冷蔵庫に誇らしげに飾ってあるし、子どもの得たトロフィーやリボンや資格証書が所狭しと棚に並んでいる。「よくやった」と子どもを褒めることは間違いではないが、自尊心の増大はかつてないほど昂じていて、子どもの思いやりの能力を危うくしている。

最近のオハイオ大学の研究で、自己陶酔の進展を調べるために、一年半にわたって四回、親子の調査を行った。結果は明らかだった。調査が始まった時に「我が子はほかの子どもと比べて特別だ」と評価した親を持つ子どもは自己陶酔度が高いことが、その後のテストで明らかになった。子育ての仕方が何か違いを生じるのだろうかという疑いに、この調査結果は明確に答えている。「うちの子は特別だと親が話すなら、子どもはそれを信じ込む。これは、子どもにとっても社会にとっても、また、道徳的自己認識や共感力を育むためにもいいことではない」と、共同研究者の一人であるブラッド・ブッシュマンは説明している。[5]

自尊心の増大は、学校、大学、職場でも

子育てについてのこのような変化は、社会全般にも影響を及ぼしている。多くの学校が「自尊心の限りない充足」に加担している――生徒の自尊心を傷つけないようにと、赤ペンによる添削を排除するほどだ。

スポーツ界もこの風潮に乗っている。あるスポーツ協会の支部は、できるだけ多くの子が賞をもらえるようにと、年間予算のおよそ一二％をトロフィーのために使っている。

子どもの自尊心を膨らませ過ぎることの問題は、第一に、称賛を聞けば聞くほど、子どもはもっとそれを必要とするようになることだ。第二に、「自分は特別だ」と感じる子は、世界は自分を特別扱いする義務があると信じてしまう。あの「自分第一」のセルフィ症候群的信仰が続く。現在、最高に褒めちぎられて育った世代が、「私は特別だ」という気持ちを大学、職場まで持ち込んでいるのである。

大学の教員は、学生が特別扱いに価すると感じていることについて、こぼしている。三分の二の学生は、「頑張った」と説明すれば教授が成績について特別な配慮をすると信じている。また、三分の一の学生は、出席するだけで最低「B」の成績に価すると感じているし、三分の一の学生は、期末試験が自分たちの休暇の予定と重なるなら、試験日が変更されるべきだと感じている。[6]

ウォール街の経営者たちは、若い社員が常に称賛を期待していることについて、首をかしげている。[7] フォーチュン誌が選ぶ優良企業五〇〇社の中には、若い社員の褒め方を管理職に教えるために、「称賛コンサルタント」を雇うものさえある。

親が子どもの気分をよくしたいと思うのは当然だが、そこで見過ごされているのは、ほかの人への思いやりを育むことである。科学は、しっかりとした自己認識を持ち、共感的で、思いやりがあり、利他的な子どもを育てるための褒め言葉の使い方を示唆している。さらに、多くの研究結果は、最も優れた情報源——傍観者であることを拒否する人々——から得られたものである。

三〇年にわたる研究で私が答えばかりでなく希望をも見出したのは、大量虐殺など人間の最も暗い部分を研究していた時だった。アウシュヴィッツ、ルワンダ、アルメニア、ダッハウ、カンボジアなどの大量虐殺の現場は、想像を絶する惨事を物語っていたが、それぞれの場には、最高の人間性の実例となる人々——傍観者となることを拒否した「利他的な救助者」——が記録されていた。社会科学者が、その動機を知るために、救助者となった何百人もの人々にインタビューした。そして、大多数の人が人間性に対する深い信念を共有していることを発見した。彼らはほかの人の気持ちや考えについて思いやりを示した。「私は助けずにはいられなかった」と一人は言い、「これは私がどういう人間であるかに関わることです」と別の人は言った。さらに、大多数の人が、しっかりとした道徳的自己認識を形成したのは、これらの信念を植えつけてくれた両親のおかげだとしている。

利他的精神は、子どもの心に培うことができる。もし私たちが共感力のある子どもを望むならば、ほかの人への思いやりを大切にする人間として、子どもが自分を明確に認識できるように手助

科学に聞く
道徳的自己認識を育むには

けしなければならない。子どものころに、このような信念を培う必要がある。

親が子どもに道徳的認識を培う

ナチスに家族を殺されたサムエル・オリナーを、ポーランド人農婦バルヴィナが救った。サムエル・オリナーと妻のパールは、ナチの占領下にあったヨーロッパのユダヤ人に救いの手をさしのべた人とさしのべなかった人の双方一五〇〇人以上を三〇年以上にわたってインタビューし、なぜある人たちはバルヴィナのように、報酬をあてにせず、自分の身を危険にさらして救助者となったかを調査した。これは、ホロコースト時代にユダヤ人を救った人々についての、最も広範な研究の一つである。その調査結果は『The Altruistic Personality〔利他的な人格〕』として出版されたが、道徳的自己認識を持つ子どもを育てるためにどれほど親が重要であるかを明らかにしてくれる。[8]

オリナー夫妻が救助者に関して見出した中で、三つの点が特に重要である。第一に、彼らは深く共感的だった。他の人の苦しみを傍観していることが絶対にできなかった。また、彼らの多くは、自分は社会の役に立てる人間で、状況を変え、他人を助けることができるという信念があった。また、その大多数が、親から学んだ思いやりの価値観と社会的責任についての倫理観にもとづく確固とした自覚を持っていた。[9] 親に培われた価値観を聞かれた時、四四%が「思いやりや寛容さ」と答えた。対照的に、救助しなかった者は、自分自身の必要が第一で、身近な人に限って助ける義務を感じていた。[10] 彼らの親は、思いやりや道徳的関心よりも、「倹約しなさい」「いい仕事に就きなさい」など、金銭的な価値を強調していた。

利他的な人は、他人に対する義務を感じる

カリフォルニア大学の教授クリステン・モンローも、慈善家、ホロコースト時代のユダヤ人救助者、顕著に英雄的行為をした人に贈られるカーネギー・メダルの受賞者など利他的な人々に詳しくインタビューした。それから、それらの英雄的行為を動機づけたものを見極めるために心理学的分析を行った。彼女の最大の発見は、利他的な人の世界の見方は全く違うということであった。「たいていの人が赤の他人と考えるときに、利他的な人は仲間として見る」とモンローは著書に書いている[11]。

モンローは、思いやりにもとづく確固とした自己認識は行動に影響を与えるばかりでなく、利他精神の重要な要素であると考える。また、利他精神の可能性はすべての人にあるとも確信している。私たちが自分の関心にもとづいて行動するかどうかは、私たちが他人との関係において自分をどう見るかに大きくかかっている。しかし、利他的な自己認識は偶然に生まれるものではない。育まれるものである。

思いやりのある人は、自分を「思いやりのある人」と考えている

発達心理学者のアン・コルビーとウイリアム・デイモンはどのようにして献身的思いやりが形成されるのかについて考察した。彼らは道徳的目的に長期にわたって身を捧げた二三名のアメリカ人

を「道徳的模範例」として紹介している。[12]

模範例の人々は皆、思いやりの価値観は彼ら自身の一部であった。彼らの自己像は、「私がしたいと思うことや私が実際に行っていることから、私という人間を切り離すことはむずかしい」という説明の通りである。そして、彼らの道徳的自己認識の形成はたいてい、子ども時代に始まる。

サムエルとパール夫妻、クリステン・モンロー、ウイリアム・デイモン、アン・コルビー、その他多くの社会心理学者も、利他的な性格は人生の早い時期から培うことができると信じている。自分は思いやりのある人間だと信じる時、その子は手をさしのべ、ほかの人を助ける傾向にある。一方、特に親が称賛の言葉を浴びせ続ける限り、子どもが自己中心的になるのを防ぐことは難しい。

子どもの道徳性を高める方法

カリフォルニア州サンタマリアに住む四人の幼い子どもの両親が、ドクター・フィルの番組〔訳注：アメリカのテレビ番組：心理学者のフィル・マグローが、ゲストの相談にアドバイスする〕に訴えた。子どもたちはけんかばかりし、三歳の子には特に困っていると。それでドクター・フィルは、私を撮影班と共に家庭訪問に送り出した。その家に歩いていく数分の間に私はぐちをさんざん聞かされた。両親の否定的な発言は、特に三歳のトリニティに対して冷酷だった。ママやパパに注目してほしいと、その幼い女の子は目立つ振舞いをして、いつもお仕置きとなった。トリニティは苦しんでいた。私はその日、その両親に肯定的な別の振舞い方を増やし、否定的態度を少なくする方法を提案した。

スタッフの記録した映像には、ぞっとするような場面があった。トリニティがベッドに横になって、母親に言われた言葉を何度も何度も繰り返している場面だ。「トリニティ、お前は悪い子ね。ほんとに悪い子ね」と。親の言葉はトリニティの心の内部の声になった。彼女は破壊的なメッセージを内化し、信じたのだろう。子どもは聞かされた言葉通りの者になることを示す場面だった。

私たちがかける言葉一つで、子どもは自分がどんな人間かを認識する。過度の称賛は、子どもをより自己中心的にし、より競争的にし、より他人を切り捨てやすくする。励ましがあまりに少なければ、自己の肯定感を損なう。逆に、適切な言葉かけは、自分のことを思慮深く思いやりのある人間だと考え、そのイメージ通りに行動したいと思う手助けをする。[13] 次にあげる四つの方策を使うといい。

1. 現状をチェックしよう。 あなたの言葉に対する子どもの反応に注意しよう。あなたが過度の称賛をしている兆候がないか、気をつけよう。

・自己中心的で、ほかの人のしてくれたことを忘れている。「私はすごくよくやった！」
・称賛に依存し、常に認めてもらいたがる。「ママ、気に入った？」

・称賛を期待し要求する。「『よくやったね』って言ってくれないの？」
・自分の気分をよくするためにほかの人と優劣をつける。「〇〇ちゃんは失敗したの。」

もしこれらの兆候が繰り返されることに気づいたら、あなたの育児スタイルを変える時かもしれない。

2．褒め言葉と性格を関連づけよう。「あなたは人助けが好きだから寄付をしたのね」と言われた子どもは、「そうすべきだから寄付をしたのね」と言われた子どもよりも、将来ずっと気前のよい人になるという。子どもの行動がその子の自己認識とどのように合致しているかを言葉にすることで、子どもが自分を善い人間だと認識する手助けをするといい。「ランディ、君はいつも人に助けの手をさしのべるね」「あなたは思いやりのある子ね。いつもほかの人の気持ちを考えてあげている。」褒める場面かどうかも確認しよう。

3．行動ではなく、性格に焦点を当てよう。七歳から一〇歳までを対象にしたある研究は、子どもの性格を褒めるほうが、行動を褒めるよりは、子どもの自己認識の一部として利他精神の内化に効果があることを見出した。[14]

・性格に焦点がある褒め言葉：「あなたは、人の役に立とうとする性格なのね」「あなたは思いやりがあって、人の手助けをする子ね。」

・行動に焦点がある褒め言葉：「両親のいない子に鉛筆を贈ったのは親切だったね」「おもちゃを一緒に使って、思いやりがあったね。」

4．模範を示そう。 ある実験で、学齢期の一四〇人の子どもがゲームに勝って賞品を受け取った。それから、その賞品を自分で持っていてもいいし、貧しい子どもたちに寄付してもいいと告げられた。[15] しかし、生徒は決める前に、自分の先生がその賞品をどうするかを見守った。賞品を寄付しないと言ったのに、教師が自分の賞品は手放さなかった場合には、子どもは寛大さをあまり見せなかった。教師が与えることの価値について話した後で賞品を寄付した場合、子どもは初めは気前良くしたが、将来の気前良さには影響を与えなかった。しかし教師が何も言わずに子どもが見ている前で単に寄付した場合、子どもたちは自分の賞品を寄付した。子どもにしてほしい行動の模範を示すのを忘れないようにするといい。

共感力アップ―その2

誘惑を退け、信念を貫き通す

重要な原則を守り通すことは難しい。仲間からのプレッシャーが子どもに迷いを起こさせるし、自分の道徳的自己認識を翻すことにもなる。なので、子どもが自分の信念を貫き通すのを助ける断り方を教えるといい。スキルを一つ一つ習慣になるまで続けよう。

スキル1●自分の信念を思い出そう

自分自身に聞いてみよう。「この人が私に頼んでいることは、私の家族との約束や、私が守っていることに反していないだろうか？　反しているなら、断るべきだ。」

スキル2●自分の信念を表明する言葉を用意して、しっかり述べよう

次のような短い受け答え文を、いつも準備していよう。「私のやり方じゃない」「そんなことはしないってパパと約束した」「これは悪いこと」など。

自分の考えが伝わるように、意見をしっかりと――でもどならずに――述べよう。もしくは、親や先生を口実にしよう。「ママが知ったら、一生外出禁止になっちゃう。」

スキル3●身体を使って示そう

本気だと受け取ってもらえるように、断固とした態度を見せよう。肩を張り、足は少し開き、腕は両脇に、頭は高くあげ、相手の目を見よう。

スキル4●だめなことは、だめ

自分のすべきことは、相手の心を変えようとすることではなく、自分の信念を貫くことだと、覚えていよう。もしぐらつき始めたら、だめだと繰り返し言おう。言う度に、自信が湧いてくるだろう。時にはその場を離れることが一番いい選択の場合もある（子どもの身に危険が予測される状況ならば、有無を言わせずに迎えに行くことだ）。

道徳的自己認識の強化を助ける方法

サレンバーガー機長は、一三歳の時に誓いを立てた。しかし自分の方針や信念に合致する誓いの言葉を作り上げたのは、彼だけではない。

有名なUCLAのバスケットボールのコーチ、ジョン・ウッデンは、八年生のときに父親から、七項目からなる人生の信条リストを書いた紙をもらい、それをたたんで持ち歩いていた。「自分に嘘をつくな」「ほかの人を助けよ」「毎日自分に与えられた恵みを数え感謝せよ」など。ウッデンは「私はこれに従って生きようと努めたし、また、これに従って教えようと努めた」と説明した。ウッデンはこの紙を一生持ち歩いた。

エイブラハム・リンカーンは、自分の性格を強くするためにシェイクスピアの文章を暗記した。大統領になっても、常にシェイクスピアの戯曲を持ち歩いていたと息子のロバートが証言している。ロバート・ケネディはシェイクスピアの登場人物ヘンリー五世に、社会活動家のドロシー・デイはトルストイやドストエフスキーの文章に啓発された。

適切な言葉はあなたの道徳的認識を強化し、困難な時にあなたを支えることができる。

道徳的自己認識を高めるためのモットーを作る

モットーを持つことは、自分の信念を明確に認識するのを助け、その内容を自分自身の一部にすることを助ける。

同じモットーを家族で共有するのもいい。たとえば、次の問いで会話を始めてみよう。その答えがモットーを決めることになる。[16]

・私たちの理想は何？
・私たちはどんな家族になりたい？
・私たちはどんな気持ちで過ごしたい？
・私たちはどう思われたい？
・ほかの人にどんなことをしてあげたい？
・どうやったら世界を良くできる？

自分の家庭にとって最も意味があり、自分の子どもに望む価値を洗い出してみよう。感謝、慈善、公共心、思いやり、配慮、協力、勇気、礼儀、共感、公正、寛大さ、援助、誠実さ、公正、優しさ、敬意、責任感、奉仕など、重要だと考える価値を明確に特定すればするほど、子どもはそれを採り入れる可能性が高い。

短く覚えやすいフレーズに家族のモットーをまとめたら、子どもがそのモットーを覚え自分のものにできるように、モットーを書いた紙を冷蔵庫に張りつけるなど、毎日の生活の中に織り込む方法を見つけよう。子ども一人ひとりのモットーを作ってもいい。子どもが気に入るなら、本や映画からの引用でもいい。ポスターを作って壁にテープで貼ったり、スクリーン・セーバーにしてもいい。私の友人は、彼女の娘のモットーを枕に刺繍した。その娘は大学へ進学したとき、真っ先に、これを引っ越しの荷物に入れた。

●年齢別の方策

小学校で教え始めた時、私は教育心理学の博士号を目指していて、ローレンス・コールバーグの道徳性発達理論に夢中になった。このハーバード大学の心理学者は、道徳性は段階を踏んで発達し、発達はモラル・ジレンマ〔訳注：「正直」や「親切」などの徳目を単純にあてはめるだけでは解決することのできない状況を提示し、そこでどう考え、判断し、行動するべきか考えさせる道徳教育の方法。「訳者解説」も参照のこと。〕に取り組むことによって促されると考えた。授業にコールバーグの考えを採り入れたところ、数人の生徒はより高いレベルの道徳的推論ができたので、私は有頂天になった。しかし一番優秀な「道徳的雄弁家」が二人、石を投げて、それが近所の人の頭に当たった時に、私の興奮は覚めた。二人は、数針縫わなければならなかったその人に、ほとんど関心を示さなかった。「僕たちはあの家の壁を狙ったんだ」と一人は言い、「ひどい怪我をする訳がないよ。ただの石だもの」ともう一人は言った。

私は困惑した。この二人は「道徳的な」答えをして、私を感心させた子たちだった。それなのに、なぜそんなに共感力がないのか。二人は次の問いに対して、教科書的な模範解答をした。「その人はどんな気持ちがすると思う？」（「悲しい気持ち」）。「自分が同じことをされたらどんな気持ちになる？」（「怒る」）。二人は感情の読み取り〔前章で取り上げた概念〕は習得したかもしれないが、次の質問に当惑した。「その人をそれほど痛い目に合わせておいて、あなたはどう感じているの？　気にしていないの？」すると二人は押し黙った。それから正直に、大層啓発的な感想を述べた。「僕たちは思いやりのあるタイプではないらしい」

　このことから、道徳的推論能力と感情の読み取り能力は、思いやりのある行動を保証するものではない（同様に、ほかの人の視点や気持ちを理解することにはならない）ことを私は学んだ。共感力をもって反応するには、子どもが自分自身を、他人の考えや気持ちを思いやり重んじる人として考える必要がある。その二人に欠けていたのは、行動を導くための道徳的自己認識だった。この決定的要素がないと、子どもの共感力に大きな欠落をもたらす。

方策	内容	年齢
信念を共有しよう	家族が重んじる価値観や信念を、理由も含めて何度も子どもに言い聞かせるといい。「暴力に反対だから、私たちの家庭では暴力的な映画は見ません」「私たちは社会にお返しすることを重んじます。ですから、傷んでいないおもちゃを二つ探して、困っている家庭のために寄付しましょう」	すべての年齢

手本を示そう	あなたがどのように家族や友人や近所の人や見知らぬ人に接しているか、あなたの見る映画やテレビ番組、あなたが読む本、そして子どもの暴言やゴミを散らかす近所の人への対応などを、子どもは見ている。日々あなたがなすべき一番大切なことの一つは次の問いである。「もし私だけが、子どものお手本だったとしたら、今日、私の子どもは何を学んだかしら?」	すべての年齢
家族でディベートしよう	テーマは、お小遣いや門限など、家庭に関する事柄もいいし、福祉制度や選挙などの社会的な問題でもいい。テーマが何であれ、子どもの発言を励まし、人前で落ち着いて論じられるようにする。	小学生以上
「最高に善い自分」を発達させよう	「最高に善い自分」について簡単な記述を毎日書かせてみると、道徳的認識が高まるという[17]。寝る前や夕食の時に、自分の子どもに試してみるといい。「今日『最高に善い自分』だったのは、何をした時? 自分が一番誇らしく感じた部分を心の中で、振り返ってごらんなさい。明日もまた同じようなことをする自分を想像してみてね」子どもが日記に書くのでもいい。	すべての年齢

徳目の切り抜き帳を作ろう	子どもの道徳的な行為について切り抜き帳を作る。例えば、友達への親切、動物の愛護、チームで見せたスポーツマン精神を記録する写真や手書きの絵で、小さなアルバムにする。	すべての年齢
子どもの誕生日に手紙を送ろう	その年の特別な出来事にハイライトを当て、その子の親切心や物惜しみしない心など、思いやりの性質を書きとめるといい。その手紙を一緒に読み、保管しておくと、それが、成人の時のすばらしい誕生日プレゼントになり、子どもが育んできた自己認識の大切な記録となる。	すべての年齢
ジレンマのような状況では、自己問答してみよう	1. 黄金律テスト「同じことをしてもらいたいか?」 2. 自己認識のテスト「これは私の信念に反しないか?」 3. 学校集会テスト「校長先生がこれを集会で発表しても、私はこれをしたいか?」 4. 新聞テスト「これが新聞のトップニュースになっても、したいか?」 5. 家族テスト「これは私の家族のモットーやルールに反しないか?」 6. おばあちゃんテスト「これをおばあちゃんが聞いても、私はしたいか?」	小学生以上

	7. 人を傷つけないかのテスト「これは人のためになるか、傷つけるか?」 8. 後悔しないかのテスト「これは私の人間関係や評判を損ない、後悔することにならないか?」	
あざけりの言葉に打ち克つ、独り言を覚えよう	あざけりの言葉は、最も自信のある子どもの信念をもぐらつかせるものである。それなので、あざけりに対抗する手段として頭の中で言える「独り言」を練習し、覚えておこう。「私は自分がどんな人間か分かっている。だからあの人が言うことは私に当てはまらない。」	小学生以上
4つの問いで、行動を決めよう	インターネット上でもそれ以外でも四つの問いを自分にして、答えが「いいえ」ならば、何も言わず、書き込みもせず、送信もしないことにしよう。問いを冷蔵庫やPCに貼っておくといい。①これは親切か? ②これはお手本になるか? ③これは必要か? ④これは確かか?	小学生以上

第3章

共感力のある子はほかの人の必要が分かる

――視点を変え、ほかの人の立場を理解する――

一九六八年の四月。アイオワ州ライスヴィル市の三年生のクラスではメンフィスで暗殺されたキング牧師のことをみんなで語り合った。が、彼らは白人ばかりの地域に住んでいたので、人種差別を見聞きしたことがなかった。ジェーン・エリオット先生は、差別について、大変ユニークな授業を思いついた。[1]

エリオット先生は、二八人の生徒を青色の目のグループと茶色の目のグループに分けた。それから、茶色の目の生徒は「より優れている」から優遇され、休み時間の延長、昼食時間の前倒し、昼食のときに一緒に食べる人を選べる、お代わり自由、班長になるなどの特権があると宣言した。青色の目の生徒の権利は取り去られ、水飲み場の使い方、給食のお代わり、運動場や遊具の使用について制限された。

生徒の反応が瞬く間に明らかになった。茶色の目の子たちは明るく、集中力が出て、勉強にも意欲的になった。それに比べて青色の目の子たちは、姿勢や表情や態度が劣等生らしくなり、勉強も進まなかった。

月曜日になると先生は生徒の役割を交換し、「本当は青い目の人の方が茶色の目の人よりも優れているのですよ」と言った。子どもたちの行動は再び変化した。

火曜日に実験が終わると、先生は生徒に経験したことを述べるように求め、どれほど深く影響されたかに驚いた。「自分を汚く感じました」「拘束されているような気持ちがしました」「泣きたい気持ちでした」「取り残されたような気持ちがしました。」数名の親も変化に気づいた。ある親が聞いた。「うちの子に何を教えたのですか。人が変わったように、弟や妹にも優しくなりました。」

エリオット先生も違いに気づいた。生徒はみんな、前よりお互いに対する思いやりが増したようだった。

この実践は大成功だったので、先生は次年度に受け持ったクラスでも「差別意識の日」を実行した。しかし、この実践の真の影響力を彼女が知ったのは、一四年後のことだった。彼女が受け持った三年生のうち一一人がクラスの同窓会に集まり、あの経験がどれほど自分の人生を変えたかを、先生に初めて話した。

ある卒業生は、「これは私たちの心の中に、これからもずっと残ると思います」と言った。「心が広くなりました。私たちの子どもは、私たちから偏見を学ぶことはないでしょう」と言った卒業生もいた。

この授業については異論もあるが、エリオット先生の、今は大人になった生徒たちこそが答えなのかもしれない。その実践からおよそ四〇年後に、ある記者がエリオット先生の五〇人の生徒を探し出し、彼らの想い出を『スミソニアン』誌に発表した。[2]「その授業を受けた人はみんな、まるで昨日のことのようによく覚えているようだった」と記者は書いている。役割交換の実験は、単に忘れられないというだけでなく、生徒の視点を変えた。これほどの力を持つ授業は稀である。

見守り、助け、実践する。子どもの共感力は顔と顔を合わせる生き生きとした経験によって引き起こされる——練習問題や講義によってではない。子どもの視点変換のスキルを高めようとするなら、子どもの心の琴線に触れ、ほかの人が何を考え感じているかを想像することを助けるような活動をするべきである。

ほかの人の立場に立ち、その人が感じていることを理解することを学ぶ

ほかの視点でものを見ること（視点の変換）は、ほかの人の立場に立ち、その人が感じていることを感じ取り、その人の視点で世界を理解することを助けるので、これを私は「共感への窓口」と呼びたい。さまざまな視点でものを見る体験を重ねることは、ほかの人と思いやりのある深い結びつきを身につけるために重要である。これはまた、子どもが人生のあらゆる部分――現在の遊び場でのいさかいから、将来の理事会での議論まで――で必要になる。

視点の変換ができれば、より共感的で、平和的に、そして断罪的にならずに衝突に対処することができるし、違いを重んじ、被害者のために発言し、ほかの人に対して援助や慰めを差し伸べるようになりやすい。また、ほかの人の視点を理解できる子は「共感力の特典」を手に入れやすいことも研究によって明らかである。そのような子は、環境によりよく適応して、より人に好かれ、仲間との人間関係も健全である。視点変換はセルフィ症候群の強力な解毒剤である。

さらに良い情報がある。共感力の他のすべての側面と同じように、視点変換は二〜三歳くらいの幼い子どもも体験することが可能だし、中高生以上の子どもに再強化することも可能である。単に「ほかの人の靴を履くだけ」〔訳注：ほかの人の身になってみる、という意味の英語の慣用句〕でも、私た

ちの無意識的な偏見を大きく減らし、見かけが自分と違う人々との実生活でのふれあいを著しく改善すると、最近の研究は示している。視点変換のスキルを学ぶ機会を作ることは、人種差別といじめを減らすことに役立つとともに、子どもの世界をより思いやりのある人間性豊かなものにすることに役立つ。では、この習慣が身につくにはどうしたらいいだろうか。

視点変換を学ぶことが難しい理由

親や教育者が対面する難題の一つは、子どもが道を外れたときに行動を制限し躾をするのと同時に、私たちが共感の手本を示さなければならないという点である。躾は家庭にとって非常にプライベートなことであり、何が正しくて何が間違っているかを告げるつもりはない。しかし、ある瞬間、子どもに他人を叩いてはいけないと言いながら、次の瞬間にその子を悪いことをしたからといって叩いたとしたら、子どもはどう理解するだろうか。

まず知らなければならないことは、アメリカ人の親はしょっちゅう躾を行うということである。私たちは二歳から一〇歳までの子どもに対して、平均で六分から九分ごとに躾をしている——言い換えれば、一日におよそ五〇回の躾をしていることになる。一年にすれば、積もり積もって一万五千回となる。[3] この中に、子どもがほかの人の気持ちを考慮しなかったことに対する躾は、何回含まれているだろうか。もし含まれていなかったとしたら、私たちは共感力を拡大する多くの機会を逃していることになる。次に躾と捉えられている典型的な行いを挙げてみる。そして、このような行いが実際にはどのように子どもの共感力の妨げになっているか、特に、視点変換を学ぶことの妨げになっているかを示そう。

叩く。子どもが四歳になるまでに叩いたことがあると認めている親は九四％に昇る。これは、困ったニュースである。[4] チューレーン大学の研究者たちは、二五〇〇人の子どもを追跡調査し、三歳の時点で度々叩かれた子は、五歳になるまでに攻撃的な子になる傾向があることを発見した。[5] もちろん、どのように、また誰によってその罰が実行されたかなどの要因も関係するが、叩くことと、好ましくない傾向――攻撃性、反社会的行為、精神疾患、共感力の減退――が子どもに出現することとの関連を否定するのは難しい。

怒鳴る。多くの親は叩くのはよくないと認識しているが、それに代わる効果的な行いを欠いている。それで、困った行動が続くと、親のフラストレーションが高まり、怒鳴ることになる。三分の二の親は、一番罪の意識を覚えることに、子どもに対して「怒鳴る」ことを挙げているが、別なやり方を知らず、つい怒鳴ってしまう。[6] しかし、大声を上げることは子どもに感情的な苦痛を引き起こすし、害も与える。脳の画像は、侮辱し、軽蔑し、馬鹿にして「言葉で叩く」ことが、子どもの頭脳の神経系統に損傷を与え得ると立証している。[7]
怒鳴ることに頼り続けていると、三つの点で、共感力を損なう。第一に、怒鳴ることは親子の関係を損なう。第二に、侮辱は共感力を殺してしまう。第三に、怒鳴ることは悪い手本を作る。

一人きりにする。もう一つは、今していることを止めさせ、一人きりにする方法である。カリフォルニア大学医学部のダニエル・シーゲル博士は、「愛着についての長年の研究から、苦しい時には特に、自分を思いやってくれる人の近くにいて慰められる必要があると分かっている」と言っている。[8]しかし、子どもが感情をコントロールできなくなると、親はしばしば子どもを部屋で一人にして感情を鎮めさせ、反省させる。専門家は、このやり方は親が期待するような効果は持たないと憂慮している。さらに、脳スキャンは、拒絶や隔離による苦痛が、身体的な苦痛や虐待を受けた脳の画像と似ていることを示している。

ご褒美。「いい子にしていたら、お菓子をあげます」「得点表に星が増えたら、おもちゃを買ってあげます。」おもちゃや飴や金銭で釣って子どもを「良い子」にしようとするのも、よく行われている方法である。しかし、心理学者のアルフィー・コーンは、この方法では子どもがご褒美をもらえるから親切にすると考え始めるので、特に共感力に対しては逆効果であるとしている。なぜならご褒美がいったん取り去られれば、子どもはそのような行動をやめてしまいがちだからである。[9]

もちろん私は、子どもの不適切な振舞いをそのままにしてもいいとほのめかしている訳では、決してない。子どもは何が許されて何が許されないかを理解する必要があるし、親や教師はそれを伝えるための道具を持っていなければならない。それで、ここにジレンマが生じる。不適切な振舞いを止めさせ、自分の行動がほかの人に与える影響を認識させるための一番いい方法は何だろうか。幸い、科学が答えを持っている。

科学に聞く

相手の視点に立つには

「娘が弟に意地悪するのを、どうしたら止めさせられるでしょうか？」

「息子が通学バスでほかの子をいじめていると学校で言われました。息子をどのように叱ったらいいでしょうか？」

躾についてのアドバイスはよく食い違うので、親が混乱するのも無理はない。解決を科学に求めるべき理由がここにある。

心理学者のマーティン・ホフマンは、躾と共感力との関係を四〇年以上もの間調査した。その結果、相手の子どもの苦しみに焦点を当てて、我が子の不適切な振舞いに首尾一貫した態度で対応し、自分の行動の影響が理解できるように手助けをすると、子どもはより共感的になる傾向があることを見出した[10]。彼はこの方法を「誘導法」と呼んでいる。また、多くの研究は、これが行動を改善するだけでなく、視点変換の力を高め、人に手を貸すことを促し、共感力を高める効果があることを立証している。

幼児に対する共感力誘導法

以下に挙げたものは、二二か月の息子ジョンと遊び友達ジェリーに対してある母親が使った共感力誘導の報告例である。

「今日、ジェリーは初めから泣いていた。ジョンは何回もジェリーに近寄ってはおもちゃを渡して、機嫌をとろうとした。ジョンはこんな風に言っていた。『ほら、ジェリー、おもちゃだよ。』それで私はジョンに言った。『ジェリーは気分がよくないのよ。今日は予防注射を受けたの。』ジョンは眉根を寄せて私を見た。ジェリーは単に泣き虫だから泣いているのではなく、嫌な気持ちだから泣いているのだと理解したようだった。ジョンはまたジェリーに近寄り、ジェリーの腕をさすって『ジェリー、いい子』と言いながら、おもちゃをまた渡そうとした。[11]」

では、この方法が実際の場面ではどのように行われるだろうか。あなたの子どもが友達からおもちゃをつかみ取り、友達に使わせない場面をあなたが見たと仮定しよう。誘導法では、あなたの子どもに、相手の立場ならどんな気持ちかを想像する手助けをする。そして、子ども自身が自分の行動が相手に与えた影響を理解できるようにする。たとえば、自分の好きなおもちゃを、ほかの子どもが使うとどんな気持ちになるかをロールプレー（実際に役を決めてやってみる）してみることである。子どもからおもちゃをつかみ取って「だれかがおもちゃをあなたから取り上げたら、どんな気持ちがする？　これはいいこと？　どうやり直したらいい？」

しかし、ここには大事なポイントがある。「やめなさい」などの警告や「○○したのね」といった言葉は、あまり効果がない。「何をしたか御覧なさい！　ケリーを傷つけたのが分かる？　指を引っ張ったらだめよ！」など、なぜその振舞いが人を傷つけるのかをたびたび説明する母親は、自分が傷つけた友達を助け慰めることを子どもに促す。子どもはほかの子を傷つけたいとは思っていないので、自分の行動がどのように相手に影響を与えるかについて――はっきりと、簡略に、断罪的でなく――示せば、子どもはそれを心に留める。これが誘導法の基本である。

ティーンに対する共感力誘導法

子どもがティーンになっても、自分の行為の影響を指摘する方法と誘導法を使い続けるといい。そうすることで、子どもが家庭の価値観をインプットすることを助け、年齢を重ねてから立ち向かう大きな困難に対しても、強い道徳的自己認識を形成できるようになる。また、思いやりのない行動に対するあなたの失望感を表明し、子どもがほかの人の視点を理解できるように、その行為が相手の気持ちにどのような影響を与えたかを強調するといい。次は、店頭から何か盗んだティーンに誘導法で対処した例である。

母親：ジョーダン、そのビデオショップの人のことを考えてみましょう。お店の人は品物が盗まれてどんな気持ちだと思う？
ジョーダン：きっと頭に来ていると思うよ。
母親：なぜ？
ジョーダン：だって自分の店から品物が盗られたから。
母親：そうね。だけど、失くなった品物の代金を支払わなければならないのは、誰だと思う？
ジョーダン：分からない――その店主？
母親：その通り。もし誰かが盗んだ品物についてあなたが支払わなければならないなら、どういう気持ちがすると思う？
ジョーダン：怒るよ。
母親：その支払いを自分の給料から払うのは当然なことかな？
ジョーダン：違うね。悪かった。僕、返しに行くよ。

視点変換を促す誘導法の使い方

親は、どのように誘導法を使ったらよいだろうか。誘導法の四ステップを次に挙げる。

ステップ1●理由を述べる

これには二つの側面がある。子どもが行った間違いが何かを名指しして、それが思いやりのない行為であるのはなぜかを述べる。多くの親はこのステップを抜かして、説教や罰を与えることに飛びつく。子どもの間違った行為に親が動転し、困惑し、戸惑うのは、もちろんのことである。しかし、なぜその行為が間違っているのかを振り返らなければ、視点変換を促し、共感力を高める機会を逃すことになる。子どもは、自分の行為がどのように相手に影響したのかを理解しなければならない。子どもが思いやりのない行為をしたときに、子どもの注意を喚起しなければならない。なぜその行為が思いやりのないものか、そしてあなたが容認しない理由を、二人だけのところで話すといい。

・「バスケットボールで、ジェブが得点できなかったからって怒鳴るのは、意地が悪いです。」
・「おじいちゃんがあなたに話しているときに、携帯を見ているのは失礼です。」

ステップ2●相手の気持ちを想像させる

視点変換は自然に身につくものではないし、子どもは自分の行為が相手に与える影響についていつも理解できるわけではない。『思いやりのある子どもたち』（二宮克己・宗方比佐子・首藤敏元訳、北大路書房、一九九五年）の著者ナンシー・アイゼンバーグは、共感力を培うための一番良い実践は、その行為が相手に与える影響を指摘すること（「ほら、泣かせてしまったでしょ」）とか相手の気持ちに焦点を当てること（「ほら、あの子は嫌な気持ちになっている」）だと言っている。こうすることにより視点が広がり、子どもは相手の考えや気持ちや要求に焦点を当てるようになる。これは幼い子どもにも非常に効果がある。ここでのコツは、相手の立場だったらどうかを想像して、「相手の痛み」を感じるように働きかけることである。まずは、もし同じことをされたら、自分はどういう気持ちがしてどんなことを考え、どんなことを必要とするかを考えるように子どもに聞くことから始めるといい。子どもが自分の視点でいったん理解したら、次に、子どもが相手の立場に立ち、相手の気持ちや考えや必要に焦点を当てることができるように手助けをするといい。

・幼い子ども向け：子どもが友達のおもちゃを奪い取った場合なら、「ティムがあなたのおもちゃをとったら、どんな気持ちになる？　ティムはどんな気持ちかな？」

・年上の子ども向け：「自分がサラ（SNSで悪口を書き込まれた子）だったとして、誰かが自分について同じことをSNSに書いたとわかったら、どんな気持ちがする？　その書き込みをした人をあなたはどう思う？　サラはどう思っているかしら？」

ステップ3●償いを促す

自分の行動が相手にどのように辛い思いをさせたかを理解するのが基本である。そのことを理解すれば、たいていの場合、子どもは相手へ申し訳なく感じる。相手の傷を繕うことはまた、傷つけた人の罪の意識を和らげる方法でもある。償いは心から湧き出るもので、年齢相応で、「その行いに相応する」ものでなければならない。息子が友達をからかった時に、息子が「傷を繕う」のを、ある父親は以下のように手助けした。

父親：お前はマークをどんな気持ちにしたと思う？
息子：悲しい気持ち――僕だったらそういう気持ちになる。
父親：それなら、お前が悪いことをしたと思っていて、彼のことを気にかけているとマークに知ってもらうために、どうすればいいかな？
息子：僕の家に遊びに来るかと聞くよ。
父親：いいね。だけど、お前が自分のしたことを後悔していると、マークに分からないかもしれないね。
息子：電話をかけて、ごめんなさいと言うよ。

父親：それは簡単ではないけれど、気遣いのあるやり方だね。

ステップ4●親の失望を表明する

最後のステップは、あなたが子どもの思いやりのない行為について失望していることを表明することである。こうすることに罪悪感を抱いてはいけない。最も効果的な躾法は、好ましくない行為に対する失望感を子どもと共有することだと、科学は言っている。この方法は、もっといい子になれるとあなたが信じていることを、子どもに知らせる強力な方法である。あなたの失望感を述べることについて『GIVE & TAKE「与える人」こそ成功する時代』（楠木建訳、三笠書房、二〇一四年）の著者アダム・グラントはこのように説明している。「子どもに自分の行動を判断する基準と、共感の気持ちと、ほかの人に対する責任感と、道徳的自己認識の感覚を学ぶことを可能にする。そして、それは手を差し伸べる人になることに貢献する。」まず、その行為に対する（子どもの人格に対してではない）失望感を表明しよう。第二に、思いやりの行為を望んでいることと、子どもがもっといい子になれるとあなたが信じていることを強調するのだ。

・「あなたが他人の陰口を聞くのは嫌だな。あなたはいい子でしょ。ほかの人の気持を考える人になってほしい。」
・「その言い方は丁寧でないね。どんな人にも丁寧に接する人になってほしいな。もっといい言い方ができるはずね。」

共感力アップ―その3
ほかの人の考えや気持ちや必要を理解する

相手に寄り添い話を聞くことを子どもが学ぶことは、視点変換の力を高め、共感力を拡張する強力な方法である。ほかの人に寄り添うことは、ほかの人の気持ちと必要を子どもが理解するとともに、「自己没入」を減らして、ほかの人をもっと意識する方法である。このような共感のスキルを身につけるには、順を追って学べる四つのステップがある。ステップをひとつずつ練習するといい。そして子どもの話を聞く時に、手本を示すといい。

ステップ1●相手に注意を向けよう

最初のステップは、話し手に注意を向けることである。そのための五つのスキルを伝えよう。

1．相手に注意を集中しよう。
2．相手の気持ちに心を向けよう。
3．相手の方に身を乗り出して話を聞こう。

4．相手と目を合わせよう。
5．相手の考えを認めよう。頷いたり微笑んだりしよう。

ステップ2●相手の気持ちを感じ取ろう

感情を読み取る力は、視点変換に重要なので、相手の感情を「よく見、よく聞く」ことを伝えるといい。たとえば、「相手はどんな気持ちかを言わないかもしれないけれど、身体や顔や声が手掛かりになります。探偵になったつもりで、『この人はどう感じているだろう？』と自分に聞いてみなさい」といったアドバイスは有効だ。

・確かでないなら、もっと説明を聞くといい。「それで君は……？　君は……な気持ちになったの？」
・気持ちを言語化するといい。「……な気持ちのようだね。」

ステップ3●相手の立場に立ってみよう

相手の視点で考えるための一つの方法は、想像力を使って、相手の立場に立ってみることである。「相手の人が話している間、その人が心の中で考えていることや感じていることを想像してごらんなさい。そうすれば、その人が望んでいることや必要としていることが分かるでしょう。」こここでのポイントは、相手の視点を想像するような手がかりを得ることである。

・幼い子どもなら、ほかの人の心の中が「見えるメガネ」や、その人が考えたり感じたりしていることを読み取れる「魔法の帽子」などの小道具を用意したつもりになるといい。
・年上の子どもなら、自分自身に質問してみるように促すといい。「もしそれが自分だったら、……と感じる／と思う／したいだろう。」

ステップ４●相手の状況を言葉にして伝えよう

最後のステップは、相手の視点を言葉にしてみることである。「あなたが相手のことを大切に思っていると伝える一つの方法は、あなたが聞き取ったその人の発言を、相手に話すことです。そうすることで、その人の気持ちや考えや必要をあなたが分かっていると伝えることになります。」

・相手の発言を繰り返す。
・相手の考えや気持ちや必要を言葉にする。
・手助けを申し出る。

相手の視点を理解することは、必ずしもその人の考えに同意することにはならない。人は異なる意見を持つものだし、それが人間だということである。だから、話を聞く時には、相手を断罪せずに、あなたの意見を述べ、議論するといい。

ほかの人の立場を理解するのを助ける方法

二〇万エーカーに及ぶサンディエゴの山火事を鎮圧するために、消防団員が不眠不休で消火活動をしていた。しかしある幼稚園の先生は、別な問題に直面していた。生徒の親の多くが消防士だったのである。消防士は短時間だけ家に戻るが、疲れ果てていた。なのに、その子どもたちは、なぜパパが遊んでくれないのか理解できなかった。それで、その先生は幼い生徒たちがパパの視点を理解する手助けをしたいと思った。そして、彼女は床に消防士の靴を転がして、このように話した。

「この靴を履いて、パパみたいに消防士の真似をしてみたい人いますか？」

小さな手が一斉に上がった。子どもたちは「ごっこ遊び」をしたがった。先生はパパがいなくてひどく寂しがっている一人の男の子を指名した。父親の安全について自分の恐れを表現できないでいたその四歳児は、多動になり、夜は悪夢にうなされていた。その子は自分の靴を脱ぎ捨て、ブカブカの消防士の靴を履き、「消防士ごっこ」の準備ができた。

「準備できた？」と先生が聞いた。「自分はパパだと思ってね。こわい火事を消そうとして、あなたは一生懸命消火活動をしているところよ。あなたは地面で眠るの。汚れて汗臭い服を着て、とっても疲れているの。もう長い間家に帰っていないし、家族を恋しく思っているの。それに一番したいことは、自分の小さな子を腕に抱いて、一緒にいることなのよ。」

授業を見学していた大人は、その幼稚園児が文字通りパパに「なりきって」いるのを見て、目を見張った。パパはどんな気持ちかを想像したとたんに、その子の表情や態度や身体全体が変わった。

「どんな気持ち?」と先生が聞いた。

「疲れて、つらい気持ちだ。家に帰りたい」とその子は静かに言った。

「どうすれば気分がよくなるかしら?」

その少年は凍りついた。そして何かピンとくるものがあった。彼は消防士の靴を脱いで、ままごとの家まで走って行き、何かつかんで戻ってきた。

「急いでこれをパパにあげて。これできっと気分がよくなるよ」とその子は言った。それから先生の手に自分のテディベアを押し込んだ。

涙ぐまなかった大人はいなかった。強烈な瞬間を目にしていた。共感力のある教師が、父親の過酷な仕事を子どもが想像するのを手助けして、幼い子を慰める方法を見つけたのだった。また、その教師は科学の言うところ——幼い子どもも「ほかの人の立場に立つ」ことを学ぶことができる——を証明した。

視点を変えることで、共感力が活性化し、ほかの人の手助けをしたいと思うようになる。それが、その日起こった出来事である。父親の大変な状況を想像することにより、その息子はパパを慰めたいと思い、四歳児が知っている最善の方法をとったのだった。

視点変換が共感力を増す

ワシントン大学のエズラ・ストットランド博士は、視点変換の力を最初に示した研究者の一人だ。[12]彼は被験者に、機械に固定された手に「強力で痛みのある」熱を当てられている人を見るようにと求めた。実は、その当事者は、「熱」なるものは存在もしないのに痛みを感じているかのように振舞えと言われている、博士の助手だった。被験者のある者は、助手の動きだけに注意を向けるように言われ、ほかの者は、助手の立場に自分を置いてその人の感じていることを想像するように指示され、また別な者は、自分の手にその熱を感じるかのように想像するようにと言われた。それぞれの被験者の心理的反応が観測されて、その反応の仕方が共感力のレベルを示した。

動きだけに注意を向けるように言われた場合、彼らは助手の「痛み」にあまり共感を示さなかった。しかし、自分の手にその熱があてられているとか、その人の感じていることを想像するようにと言われた場合、共感力は大きく増した。それで、ストットランド博士は、「ほかの人がどう感じるかを想像すること」は視点変換を誘う強力な方法であることを発見した。

相手の考え、気持ち、必要に焦点を置くように促されることにより、人に手を差し伸べたいという願いを増すことができると、さまざまな研究は示している。

5つの方法

1．小道具を試そう。リアムは自分のことだけを考え、ほかの人の気持ちを理解できなかった。それで、彼がクラスの友達に辛い思いをさせたと理解できなかったとき、私は彼の共感力を引き出すために、もっと深いところを探る必要があると思った。私は針金のハンガーを見つけ、それを曲げて円にした。それから思いついて言った。「リアム、これをかぶって、スティーブになったと想像しなさい。私がリアムになります」このようにしてロールプレーが始まった。「そのヘアスタイルはダサいぞ」「スティーブ、どんな気持ち？」スティーブになったフリをしたことで、リアムはついに友達の辛さについて理解した。そのハンガーが鍵だった。小道具、指人形、フィギュア、ぬいぐるみ、衣装などを試すといい。鉛筆の先に写真をテープで貼った棒人形を作って、幼い子どもが「相手側」のロールプレーをすることも有効だ。

2．立場を交換しよう。ケンは、親の視点を子どもに理解させるすばらしい方法を教えてくれた。彼の一二歳の息子は、帰宅が遅くなるとき電話をかけないと父親が怒る理由が理解できなかった。

子どもがやっと家に着いた時、ケンは、父親の側から物事を見るようにと子どもに言った。「私の椅子に座りなさい。私が時計とにらめっこして座っていたから、椅子はまだ温まっているね。君がお父さんなったつもりになりなさい。君は息子がどこにいるのか知らない。もう遅くて暗いのに、電話もかけてこない。君の心にはどんな考えが浮かぶだろうか？」その後息子が謝り、これからは絶対に忘れずに電話すると言ってその約束を守ったと、ケンは話してくれた。子どもを「あなたの立場に立たせ」て、あなたの視点から状況を体験することを想像させるといい。

3．想像力を使うやり取りを。子どもがおばあちゃんにお見舞いのカードを送ったとしよう。この機会に、それを受け取ったおばあちゃんの気持ちを想像させるといい。「おばあちゃんになったつもりで、あなたは孫娘からカードをもらったことにしましょう。書いてあることを読んで、どんな気持ちになりますか？」会ったことがない人に向けても子どもの視点を広げるといい。「あの転校生になったつもりで。まだ誰も知り合いがなかったら、どんな気持ちがするかしら？　どうすれば、まわりの子に受け入れられていると彼は思うかしら？」「自分が、災害で家を失ったばかりの子どもだと想像してみなさい。何を考える？　何が必要かな？　何ができるだろうか？」

4．やり直す場面を作ろう。ほかの人の気持ちを考慮する行為をロールプレーすることによって、思いやりのない行動を子どもが「やり直す」手助けをするといい。「もう一度やってごらん。今度は、相手のチームメートがあなたをけなしたとしたら、あなたのチームがどう感じるかを考えてみよう。」「初めからやり直してみて。今度は私の気持ちが傷つかないような言い方で頼んでみて。」

5.「……かな」と自分に聞くことを促そう。 年齢が上の子どもには、「……かな。○○はどう思うかな（感じるかな、したいかな）」と自分に聞いてみることを促すといい。転校生、列に並んでいる女の人、ブランコで遊んでいる子、道に寝ている男の人など、誰か新しい人に出会った時に、「……かな」と自分に聞いてみるように促すといい。

●年齢別の方策

カンザス州の学校を訪問していたとき、たまたま二人の男子生徒が自分たちのもめごとについて校長先生と話しているところに居合わせた。二人は一一歳で、共有ロッカーについての大喧嘩から、出席停止処分を受けていた。それぞれが「僕の持ち物をめちゃくちゃにした」と相手を責めていた。それで、校長は、変わった方法を用いた。それぞれに「振り返り用紙」を渡し、相手の視点から答えるようにと言ったのだ。質問には、「何が起こったのですか？」「そのことについてどんな気持ちですか？」「相手に何を言いたいですか？」「二人とも満足のいくように解決する一番いい方法は何ですか？」二人の反応をその場で聞くのは貴重な体験だった。

「僕は彼ではないんだから、どうやって彼の気持ちが分かるんだい？」と、一人が言った。

「難し過ぎるよ。あいつが望んでいることなんか分からないよ」と、もう一人が言った。

つまり、それが二人の問題だった。二人とも、それぞれが「自分の側」だけを見ていて、相手がどう感じるかは考えなかった。

校長の視点変換の方策は、二人の少年に自分の傍にいる誰かの気持ち、考え、必要について考えさせるすばらしい方法だった。

方策	内容	年齢
気持ちを感じとり、適切に対処しよう	「どんな気持ちかな」「何かできることがあるかな」と問いかける。	すべての年齢
実際の出来事、ニュースを使おう	身近な出来事を材料にして、気持ちを感じ取る機会にする。	すべての年齢
靴、帽子、スカーフを使おう	道具を使って変装し、「別な人」になったフリをする。	幼児、小学生
色々な表情をしてみよう	色々な表情をして、相手と同じ気持ちになってみる。	幼児、小学生

不利な立場の人の体験をしてみよう	ホームレス：飢えを理解するために、ハンガーストライキを体験する（親の管理の下で） 視力障がい者：目隠しをして家の中を歩いてみる。 聾唖者：口を覆って歌ってみる。 聴覚障がい者：耳栓をしてみる。 学習障がい者：鏡に写した左右逆の文字を書いてみる。 身体障がい者：車椅子で移動してみる。	幼児、小学生
普段接しない人びとを訪問しよう	ホームレスのシェルター、老人ホーム、セカンドハーベストジャパンやその他のフードバンクの活動を見学し、理解を深め、何ができるかを考えてみる。	すべての年齢
演劇をしてみよう	劇の役を演じて、共感力を高める。	すべての年齢
本を使おう	「その登場人物の視点はどこにあるだろう？」「その視点から抜け落ちているのは、誰だろう？」「あなたなら、どう行動する？」などの問いを投げかける。 お薦め：『長い長いベッドカバー』（シルビア・フェア作、杉並セシオン訳、セーラー出版、一九九一年）『おじいちゃんの目、ぼくの目』（パトリシア・マクラーラン作、若林千鶴訳、文研出版、一九九九年）	すべての年齢

DVDを見よう	お薦め：「ダンス・ウイズ・ウルブズ」「エレファント・マン」「顔のない天使」「ウォーターシップダウンのうさぎたち」	小学生以上
職場へ子どもを連れて行こう	親の職場も含め、いろいろな職場を見学したり、体験したりするといい。「一日校長」「一日署長」「一日市長」になるのもいい。	小学生以上
社会的つながりを拡大しよう	普段付き合いのない異なる背景（性、文化、宗教、年齢）を持つ人びとと触れ合う機会を作り、それらの人びとが自分と同じ思い、気持ち、必要を持っていることを理解しよう。	すべての年齢

第4章

共感力のある子は道徳的想像力がある

―共感力を培うための読書―

本は子どもを別な世界に連れて行き、心を変革してくれる。私がそのことを知ったのは、ある学校を訪問して、廊下の壁が床から天井まで、生徒が作った紙のハートですっかり覆われているのを見た時だった。展示の表題には「ハートで世界を変えよう」と書いてあった。かわいらしいハートの展示がどのような経過で始まったかというエピソードは、大変感動的だった。

校長が言うには、その壁に以前は何の展示もなかったが、ある日四年生のライアンが帰宅するときにそこを通りかかった。ライアンはめったに口をきかない子で、だれも知らなかったことだが、彼の家庭は問題だらけだった。父親はアルコール依存症でたびたびライアンの母親を殴り、ライアンはその度に洋服ダンスに隠れていた。誰かに言えば、父親はもっとひどく母親に危害を加えるだろうと恐れ、彼は、先生やクラスメートには気持ちを閉じて、黙っていた。

精神的に不安定な母親は洗濯もできず、ライアンは汚れたままの同じシャツとズボンを毎日着ていた。ほかの子どもたちが、彼の弱味につけ込むことは簡単だった。それで、ライアンはしばしば仲間外れにされ、二人のいじめっ子によく苦しめられた。

しかしある日の午後、ダニーというクラスメートはライアンが一人で昼食を食べているのを見て、ほかの誰も気づかなかったことに気づいた。ライアンは寂しそうだった。それでダニーは他の友達の忠告を無視して、ライアンに一緒に座ってもいいかと聞いた。後になってライアンは校長に、誰かが自分と一緒に食べたいと言ったことにとても驚き、その日はずっとそれについて考え続けたと話した。ライアンはダニーの親切に対して感謝する方法を見つけたいと思った。彼は学校の玄関の掲示板のところを通り過ぎたときに、まだそのことを考えていた。床に落ちていた一枚の紙きれを拾い、それを素早くハート型にちぎり、走り書きした――「ダニーへ、今日は僕と一緒にランチを食べてくれてありがとう。僕はうれしかったよ。ライアンより」――。そしてそれを掲示板に画鋲で止めた。

次の日、別の生徒がそのメモを読んで、ライアンの真似をし、紙をハート型にちぎり、別のクラスメートに感謝のメモを書いた。それから別の生徒が同じことを繰り返し、また別の生徒が……という具合に、私が学校を訪問した時には、生徒が作った四〇〇以上のハートで掲示板と廊下の壁が埋め尽くされていた。それはすべて、一人の子どもの共感から始まったのである。私はそこで、子どもたちの親切心の表現に浸りきって立ちつくし、それから掲示板の表題「一度に一つずつ、ハートで世界を変えよう」を見た。これは、ここで起こったことを述べる完璧な表題だった。親切心の勢いが増し、ほかの子どもの心も同じように開いた。彼らはライアンと一緒に過ごすようになった。いじめは止まり、ライアンは友人を見出し、これまでと違って快活な子どもになった。

しかし、最も興味深い点は、ライアンに抱いた優しい感情を動機づけたものが何であったのかについてのダニーの話である。彼の担任は、エレナ・エスティスの『百まいのドレス』（石井桃子訳、岩波書店、二〇〇六年）をクラスの読み聞かせの時間に読んでやったことがあったという。その本は、いつも同じ色あせた青のドレスを着ているワンダ・ペトロンスキーという貧しくおとなしい三年生の女の子についての、感動的な物語だった。ライアンと同じように、ワンダは誰も友達がなく、いつも一人で座り、一人で遊んでいる。それに彼女は、一着しかないドレスについてからかう数人のクラスメートにいつも耐えなければならない。「明日は何を着て来るの？」と、一着しかドレスがないと知っていながら、女の子たちは嫌味を言う。

ついにワンダは言ってのけた。「うちには百まいのドレスがあるんだから――みんな違う色なのよ！」と。そうして自分の娘がそのような残酷な仕打ちを受けていることを両親が我慢できなくなるまで、いじめはエスカレートする。ペトロンスキー家はとうとう他の街へ引っ越した。いじめっ子たちは、後になって、ワンダにすばらしい絵の才能があったと気づくことになる。ワンダは家に百枚のドレスを持っている――しかしそれはみんな紙に描いたものだった。いじめっ子の心に罪の意識が芽生えるが、ワンダはすでに引っ越しており、少女たちは自分たちの残酷な行動に対してなんの償いもできない。

私はその古びた本を、受け持ちの子どもにも私の子どもにも数えきれないほど読み聞かせてきた。この忘れがたい話が、聞き手の感情を動かさないわけはなかった。「自分が着ているものや見かけについてからかわれたり、見かけが違うからという理由でほかの子どもがからかわれたり仲間外れになったりするのを経験したり、見かけたことがありますか？」と私は質問する。すると、子どもたちはいつも手をゆっくり上げるか、自分の足を見たりする。ダニーも同じだった。ダニーは「僕の先生が、物語の女の子たちはワンダを助けるために何ができたと思うかと聞いた時に、僕はライアンのことを思った。ライアンは寂しそうだったし、ワンダとまったく同じようにほかの子どもたちがからかっていた。その本がライアンに対する僕の気持ちを変えてくれた。本が僕に何か助けることをしたいと思わせてくれた」と、私に話してくれた。

子どもにとって読書が重要だということを信じない親は稀だし、世間に広まっているデータもこの見解を支持している。読書力がある生徒はそれが足りない生徒よりも、学校生活がうまくいき、高得点を取り、試験にも合格する。それは大学進学、奨学金、さらには高所得の仕事につながる――これらはすべて、家庭教師が一〇億ドル産業となっている原因である。親は読書力が学業成功への鍵だと知っている。しかし近年、読書は子どもの頭をよくするだけでなく、親切にもするという、驚くべき追加の価値が発見されている。

誕生から五〇歳までにわたる一万七千人以上の追跡調査では、七歳時の読書能力が将来の社会的経済的地位についての最も重要な指標であることが発見された。[1] また別な調査では、一五歳の時の楽しみのための読書が、将来の成功を示す最も重要な指標であると分かった。[2]

実のところ、読書――特に楽しみのための読書――が、現在であろうと未来であろうと、子どもの成功のすべてについて、深い意味を持っている。

子どもに読書させるのが難しい理由

読書によって子どもの人生はうまくいくし、共感力も身につく――これはとても簡単なことに思える。しかし、デジタル機器に追い立てられ、何事も高速で動く今日の社会にあっては、子どもに読書の習慣を身につけさせるのは簡単なことではない。

デジタル機器に追い立てられている

私たちが直面している最も切迫した課題は、そもそも子どもの手に本を持たせることである。八歳から一六歳までの何千人という子どもを対象とした調査は、今日の子どもの読書量が明らかに減っていることを示している。仲間からのプレッシャーも問題である。子どもの五人に一人が、本を持っているところを友達に見られたらきまりが悪いと認めている。子どもが成長するにつれて、読書する率は、過去三〇年間に急降下している。一七歳の子どもの四五％は、年にたった一、二冊、自分で選んだ本を読むだけである。私たちが子どもに読み聞かせる機会も、これまでになく減少している。一九九九年には、二歳から七歳までの子どもは、平均で一日四五分間の読み聞かせをしてもらった。二〇一三年には、その数字は一日三〇分くらいに低下した。

半数以上の子どもが読書よりもテレビを見るほうが好きだと言っている（今ではテレビ番組もスマホやタブレットの画面で見るほうが好まれている）。YouTubeでビデオを見て、スマートフォンのゲームやアプリで遊び、メッセージをやり取りすることが、テレビを見ることの次に、最も人気のある活動である。私たちがもっと意図的に読書時間を確保し、デジタル機器を使わない時間を設定しない限り、子どもの読書習慣は減り続けるだろう。

子どもの過密スケジュール

子どもの過密スケジュールは家庭生活に影響を与え続けている。学習やスポーツ活動でいっぱいの日程で、読書に残されている時間はない。

子どもの読書減少についての親の憂慮にも関わらず、以前の世代よりも私たちは子どもに読み聞かせることが少なくなっているし、大切にされていた就寝前のお話の時間という伝統も消えかかっている。子どもに就寝前のお話の時間をとっている親は、たったの六四％である（彼らが子どものころには、九一％が就寝前のお話をしてもらった）。[3] 最近のある研究によれば、二八％の親が、幼い子どもを寝かしつけるために、スマートフォンを利用すると言っている。[4] 大人は、家庭の夜の読書習慣の減少を「時間の足りなさ」のせいにしている。

絵本――『おやすみなさいおつきさま』（マーガレット・ワイズ・ブラウン著、瀬田貞二訳、評論社、一九七九年）、『げんきなマドレーヌ』（ルドウィッヒ・ベーメルマンス著、瀬田貞二訳、福音館、一九七二年）、『ともだち、なんだもん！――コウモリのステラルーナの話』（ジャネル・キャノン著、今江祥智・遠藤育枝訳、ブックローン出版、一九九四年）のような――は、もはや幼児期の基本的目録から姿を消し、出版界の販売は落ち込んでいる。[5] 親は絵本を置き去りにして、早々ともっと文字の多い読み物に移る。しかし絵本より読み物の方が子どもの学習能力を高めるという考えは誤っている。絵本は読み物よりも感情に訴える内容が豊かである。感情に訴える内容こそ、（特に人生初期の数年は）共感力の発達に決定的に重要である。

デジタル画面は、読書の喜びを減らす

読書をするにしても、子どもはデジタル機器で読むほうが好きである。「それはいいことだ。とにかく読書をしているのだから」とあなたは言うだろう。しかし、ここには落とし穴がある。デジタル画面では、子どもの読書経験が改善されないのだ。実際、デジタル画面だけで読書する子どもは、読書が楽しいと話す割合が、印刷された本を読む子どもの三分の一しかなく、その中の三分の一の子どもには好きな本というものがなく、読解力があると言える子どもの割合もずっと少ないという調査結果がある。デジタルブックは便利で大流行だが、必ずしも子どもを読書好きにするわけではない。読書の習慣こそ、子どもに身につけてほしいものなのに。

各州共通基礎スタンダードテスト〔訳注：「各州共通基礎スタンダード（Common Core State Standards）」とは、近年定められた教育内容の基準。アメリカは日本の文部科学省にあたる全国の教育を統括するものがないので、『学習指導要領』のような統一基準を制定し全国に適用することはできないが、他方、各州や各学区によるバラバラの基準は、様々な面で生徒の不利益になるという考えから、連邦主導と地方主導の折衷案のようなかたちで開始された〕に焦点がある現在の教育は、子どもが読書するものにも大きな影響を与えている。ノンフィクションを読むことが生徒の作文能力を改善するという理由で、低学年から始まり、特に高等学校レベルで、ノンフィクションに重点が置かれている。[6] これには落とし穴もある。なぜなら、フィクションの文学作品は共感力と視点変換と鑑賞能力と「自分たちに似ていない」人々（私が「他者性」と呼ぶもの）に対する理解を培う。[7]

なぜ読書は重要なのか

私たちの多くには、子ども時代から大切にしてきた物語がある。大恐慌の時代を生き延びた『怒りの葡萄』のジョード家の情熱と格闘を忘れることができるだろうか？　本は私たちを感動させるだけでなく、人生に処する方策も提供してくれる。モーリス・センダックの『かいじゅうたちのいるところ』（神宮輝夫訳、冨山房、一九七五年）のおかげで、私の末っ子は暗闇に対する恐怖心を克服できた。彼の英雄マックスがかいじゅうたちにしたように、ザックも暗闇に向かって「しずかにしろ！」と怒鳴ったものだった。本は、子どもをほかの世界とほかの考え方とに導き、人々の違いに心を開く手助けをし、新しい視点を培うための入り口となる。私たちは、良い物語は深い感動を与えてくれると思ってきたが、今では、これがいろいろな研究で証明されている。

　フィクションを読む人は、ノンフィクションを読む人よりも、ほかの人への理解や共感力やほかの人の視点で見ることに優れていると、ある研究が報告している。さらに、フィクションを読むことが少ない大人は、自分にはあまり共感力がないと報告しているという[8]。幼い子どもも、多くの物語を読んでもらうほど、他人が考えていることや感じていることを想像する力が強くなるという研究もある。[9] この効果は、就学前の児童が映画――テレビではない――を観た場合にも見られた。

ニュー・スクール大学の研究者たちは、どんなタイプの読み物が共感力構築のために最も効果的かを見つけることに乗り出した。参加者は、グループに分けられ、文学小説、娯楽小説、ノンフィクションなど、それぞれ異なるジャンルの読み物からの抜粋を渡された。また読み物を与えられなかったグループもあった。その後、参加者は共感力のレベルを計るテストと共に、ほかの四種類の実験にも参加した。結果は興味深いものだった。ノンフィクションや娯楽小説、それに何も読まなかったグループからは、たいして印象的な結果が得られなかった。しかし、文学小説を読んだ人々は、ほかの人の考えや気持ちを理解する能力に著しい改善が見られた。彼らはほんの三分～五分程度読んだだけだったし、文学小説を読むのが楽しくなかったと認めた人でさえ（！）、その能力は本物だった。文学作品を読むことは――ほんの短い間であってさえ――共感力を高める。このことは、ペーパーテストだけではなく、脳スキャンの映像にも明らかだった。[10]

一冊の本が脳に与える影響

映画を見たり、すばらしい本を読んだりした後、非常に心を動かされてしばらくのあいだ身動きもできなかったことはないだろうか？　影響を受けたのは心だけではないと、今では分かっている。誰かの感情を認識すると、私たちの脳は同じ感情を実際に生成すると、データは示している。

つまり、私たちは他人の感情の状態をシミュレーションするのだ。[11]

ワシントン大学の脳科学者は、ボランティアの被験者が渡された資料を読んでいる間、その脳スキャン（機能的磁気共鳴画像）を見た。[12] すると、その画像は、読んでいる登場人物の行動に関連する脳活動を擬《なぞら》えていた。読んでいる箇所で、登場人物が「照明器具の紐を引っ張る」ところなら、運動制御に関係する領域が活発化する。もし登場人物がいる場所を変えれば（「彼は玄関を通って台所に行った」）、位置に関係する領域が活発化する。文学小説を読む時、私たちは登場人物と「共に」感じるだけではなく、彼がすることを「行う」――そして脳が登場人物の行動を模写する。文学作品など適切な読み物は、私たちに深く考えさせ、別な世界に連れて行き、登場人物と同じ思いを抱かせ、文字通り私たちの脳を光らせる。それでは、なぜ文学小説は、ティーン向け娯楽作品よりも、共感力の増強に効果的なのだろうか。

文学作品が私たちを別な世界に連れて行くのは、なぜか？

しっかりとした文学小説は、登場人物の人生とその試練により多くの焦点があるが、娯楽小説では話の筋により多くの関心を払っている。私たちが登場人物の意図や感情や考えを分かろうと努力するほど、共感力が増大する可能性も大きくなる。それなので、『アラバマ物語』（ハーパー・リー著、菊池重三郎訳、暮らしの手帖社、一九八四年）や『シャーロットのおくりもの』（E・B・ホワイト著、さくまゆみこ訳、あすなろ書房、二〇〇一年）のような本を読むと、座っている椅子を少し固くつかんだり、涙を拭いたりすることになる。私たちは、登場人物のスカウトやウィルバーと本当に同じ思いになる。私たちは、彼らの靴を履き、彼らに感情移入し、痛みを感じ取るのだ。

ある種の作家たちは、子どもに登場人物の靴をはかせ、想像力に語り掛けるコツをよく知っている。ベヴァリー・クリアリーはそのような特別な作家の一人で、彼女の作品が九一〇〇万部も売れている理由である。彼女の登場人物たちはみんなすばらしいが、中でも『ラモーナは豆台風（改訂新版）』（松岡享子訳、学習研究社、二〇一三年）の人気者ラモーナ・キンブリーは忘れがたい存在である。ラモーナには共感力の拡大に重要だと科学が言うすべての特質が表れている。

たとえば、五歳のラモーナは幼稚園に行く日を一日千秋の思いで待ち望んでいたが、やっと行く日が来て興奮する。彼女は少し騒がしくて、（本人はなぜだか分からないが）みんなに「しょうがない子」と呼ばれ、たくさんのトラブルに巻き込まれる。先生がお行儀がよくなるまで家にいるようにと帰宅させると、ラモーナははっきりと学校に行くことを拒否し、誰が何と言っても彼女の心を変えることはできない。「わたしのことがすきじゃないんだから、なぜいかなきゃならないの？」と。

私は長年、受け持ちの生徒にも私の息子たちにも、数えきれないほどこの本を読み聞かせてきた。受け持った小学一年生は、自分が幼稚園に行く前の心配ごと——友達を見つけることや仲間に入れてもらうこと——をもう一度体験する。ラモーナがトラブルに——何回も何回も——巻き込まれると、自分が彼女と一緒にトラブルに巻き込まれているかのように感じ、不安になった子もいた。ラモーナが「お行儀よくなるまで」家に戻される箇所を読み聞かせるたびに、私には生徒の不安が伝わってきた。

モリーは、私がコンサルタントをしていた学校に転入してきたばかりだった。学校に知り合いはなく、父親は同じ週にアフガニスタンに派遣されていた。この六歳の子が新しい生活に順応するのが難しかったのは無理もないことだった。しかしクリアリーの本がモリーの心に触れた。彼女は一言も漏らさずに物語を聞いていた。彼女は集中して聞いていたが、ラモーナが学校に戻らないと決めたところでは、非常に心配した。つまり、彼女は誰も気にかけてくれないと思う時にはどんな気持ちかを知っていたので、ラモーナと共に傷ついたのだ。私は彼女がため息をつき、「ラモーナ、大丈夫よ。戻ってきて！　友達が見つかるわよ」とささやくのを聞いた。私は読み続けた。

しかし、モリーの心配が見過ごされることはなかった。アニーという生徒が隣に座っていて、モリーの辛い思いに気づいたのだ。アニーが何をすべきかと考えているのが、私に見えた。アニーはモリーの方をもう一度見、モリーが友達を必要としていることに気づいたようだ。彼女は少し近寄り、自分の腕をモリーに廻した。二人の女の子は並んで、一緒に物語を聞いていた。ここに、登場人物の気持ちと一体になり、お互いの気持ちも一体になった二人の子どもがいた。それは、適切な本に適切な時に出会うことによって起こると、科学が言っていることを証明していた。

共感力を高める読書法

五歳の子が友達に「あなたはあの役になってね。私はこの役をするから」と言う。[13] これはキース・オートレー（有名な認知心理学者である）の娘が友達とごっこ遊びをしていた時のことだった。二人の子は、映画を一緒に見る準備をしていて（明らかに二人はこの映画をもう数回見たことがあった）、それぞれが受け持つ映画の配役を決めていた。父親は、子どものごっこ遊びが、自らの気持ちをいったん置いて、役になりきってその役の思いや考えをなぞることを知っていた。五歳の子どもにとって、その活動が楽しい遊びであるのはもちろんだが、それは共感力を高めるための、科学的な裏付けのある方法でもあった。

感情理解のために読書習慣をつけさせるごっこ遊びには、さまざまなバリエーションがある。オレゴン州のある英語教師は、九年生に登場人物の視点を理解させるために、紙で作った六足の靴型を使う。シェイクスピアの『ロメオとジュリエット』のテストでは、生徒は順番に一つの靴型に足を入れ、その登場人物の見解と気持ち（ロメオ、ジュリエット、キャピュレット夫人、ティボルト、マキューシオ、僧ロレンス）を述べる。この実践は、それぞれの登場人物に対する生徒の理解力を高めるだけでなくて、生徒のお気に入りのテスト方法だと、その教師は私に話してくれた。

もっと幼い子どもには、指人形やぬいぐるみ、フィギュア人形などを使って想像力を膨らませるといい。子どもの好きなテディベアがダンボになってもいいし、うさちゃんや子犬ちゃんやカンガのようなぬいぐるみが映画の象やカラスの役をしてもいい。それから、象やカラスたちが可哀想なダンボをからかう部分を演じて、このような問いかけを静かにしてみよう。「あなたはダンボよ。自分が仲間外れにされたらどんな気持ちがすると思う?」適切な瞬間になされる適切な問いは、子どもにほかの人の気持ちと要求を理解させる。共感力を拡大することについて、早過ぎたり、遅すぎたりすることはない。ロールプレイをしたり、演じたりすることは、視点変換の力も拡大する。だから、あなたの家に小さな女優がいるのなら、映画や本の登場人物の役を演じるように促すといい。帽子でもタオルでも用意すれば、子どものごっこ遊びを触発し、ほかの人の考えや気持ちになってみる手助けができる。子どもが成長し、共感力が強くなるにつれて、靴や帽子や指人形は片付け、演劇の授業を受講したり、近くの劇団に入ったりしてもいい。

共感力アップ—その４
道徳的想像力を高めるための問い

道徳的想像力を高めるために、子どもが気持ちを読み取ることを学ぶ方法はたくさんある。誰かほかの人の立場に立って、その人の視点から世界を見るように子どもを手助けする一つの練習をここに挙げよう。この方法には三つのステップがある。子どもの現在の能力に一番適切なものを選び、特に言わなくてもそのテクニックを使えるようになるまで、そのステップを練習するといい。

ステップ1●「もし〜だったら」の問い

「もし〜だったら」の問いは、子どもがほかの人の「靴を履いて」、その人になったつもりで考える手助けの最初のステップである。共感力拡大のための問いかけ方をここに少し挙げる。

・「もしあなたがその人だったらどうする？」
・「もしあなただったら、どんなアドバイスをする？」

・「もしあなたが占い師だったら、その人が次に何をすると予言する？」
・「もしあなただったら、同じことをしたい？」

重要な箇所で一度か二度、ビデオの停止ボタンを押すか読むのを中断して問いかけると一番効果がある。

注意事項：停止ボタンを何度も押したり、あまり多く問いかけたりしないこと。そうでないと、子どもはあなたと一緒に映画を見たり本を読んだりしたくなくなる。

ステップ2●「あなただったらどんな気持ち？」の問い

適切な質問は、子どもが登場人物と同じ気持ちや経験をしたことがあるかどうかを振り返る手助けになる。問いにある代名詞「あなた」は子どもの気持ちや考えに向けられているが、ちょっとした促しで、その人物の感じ方と考え方を、もっと子どもに経験させることができる。

・「あなたはこれまでに同じことを経験したことがある？　その時どういう気持ちだった？」
・「あの人には何が起こっているのかしら？　同じ思いをしたことがある？」

ステップ3●「私」中心から「相手」中心に切り替える問い

最終的な目標は、子どもがほかの人の考えや気持ちを想像する手助けをすることである。適切な問いで、「私」中心の考え方から「相手」中心の考え方へと、子どもが切り替えるよう促すことができる。

・「あなたがその登場人物になったつもりになってごらんなさい。今、その人はどんな気持ちだと思う？　その人は何が必要かしら？」
・「あなたがその人だと想像してごらんなさい。その人は自分の状態［ホームレスである、不幸せである、いじめられている、無視されている］について、どんな気持ちかしら？」

子どもの役割切り替えの力は増していくが、子どもが読書したり特別な映画を見たりする機会に、登場人物の気持ちを問うといい。

読書習慣をつけるのを助ける方法

子どもの共感力を培うと同時に、認知的発達を拡大し、学力を高めるために、映画や文学作品を使う多くの方法がある。この習慣を培うための秘訣は、子どもの能力と興味に教材を合わせると共に、その活動が子どもにとって楽しく意味があるものにすることである。子どもに時折「最後にいい本を読んだのはいつだったかな?」と聞くといい。もし反応がなかったら、読書を楽しめるよう、もっと工夫する必要があると分かる。子どもに読書の習慣をつけるための方法を少し挙げよう。

・**本を身近に置こう。**家に本があればあるほど、子どもが読書を好きになる可能性が高いと、研究は示している。大金を使う必要はないが、共感力を高めるような種類の書物を身近に置くべきである。図書館で借りる、古本を買う、近所の人と本の交換会をする、オーディオブックを試して、それから家族でその本を読むなどするといい。読む時間がある「もしもの場合」に備えて、車や子どものカバンの中に、いつも本を一冊入れておくといい。

・**読み物を子どもの好みに合わせよう。**子どもを読書に夢中にさせるための大きな秘訣は、子どもが自分を重ね合わせるテーマを扱った読み物を探すことである。もし娘が馬が好きなら、『黒馬物語』(アンナ・シューエル著、邦訳多数)や『緑園の天使』(エニド・バグノルド著：邦訳書はないがDVDがある)は完璧にマッチする。映画では「縞模様のパジャマの少年」、「ものすごくうるさくて、ありえないほど近い」など、本では『ダンとアン』(ウィルソン・ロールズ著、和田穹男訳、めるくまーる、二〇〇二年)や『テラビシアにかける橋』(キャサリン・パターソン著、岡本浜江訳、偕成社、二〇〇七年）などは、強面《こわもて》の年上の子どもの心も溶かすことができる。

・**子どもの読書能力レベルに合わせた本を選ぼう。** 子どもを本好きにしたいなら、本を押しつけないことである。楽しむための本を選ぶなら、子どもの学力よりも少し下のレベルの本を選ぶようにと、多くの教育者はアドバイスしている。子どもの読書レベルは、学校の通信簿やテストの得点を参考に推測できる。また、次の面談の時に、先生に聞いてみてもいい。多くの子ども向けの本のカバーには、レベルが表示されている。子どもの年齢や学年ではなく、テストの結果で示されたレベルに合わせることが重要だ。

・**優れた情報源を見つけよう。** 適切な本を選ぶのが難しければ、図書館の司書に聞くといい。司書はすばらしい情報源だし、質問されるのを待っている！　子どもの友達に良い本を紹介してもらうのもいい。また優良図書のリストを自分の参考のために買うといい。本を選ぶにあたっては、子どもに選ばせるのが一番である。およそ九割の子どもが、お気に入りの本は自分が選んだものだと言っている。

・**読み聞かせを続けよう。** 一般的に子どもが楽しみのための読書を止めるのは、八歳ごろである。皮肉なことに、私たちが子どもへの読み聞かせを止めるのもだいたいそのころである。家族全員が楽しめる本を見つけて、読み聞かせの習慣を続けるといい。また、あなた自身がいつも本を手にしているといい。親が楽しみで読書をする場合、子どもは読書好きになりやすい。

●年齢別の方策

ある父親が息子を映画「ペイ・フォワード」に連れて行った。映画は、生徒に世界を変える方法を考え、それを行動に移せという宿題を出す教師の物語である。ある生徒は、恩を返すのではなく、それを次の人に渡すこと——善意の行いに対してお返しをするのではなく、それを別な三人に渡すこと——を考えつく。主人公トレバー・マッキニーは、身近な人の人生だけでなく、全く知らない人々にも影響を与える。

その父親は私にこう言った。「息子が喜びそうな映画だと思ったのですが、これほど影響を与えるとは夢にも思いませんでした。でも、映画館の照明が再び点灯した時に、息子が考えに深く浸っていたので、彼の心の琴線に触れたのだと分かりました。町のホームレスの子どものために何かしなければと、マークは言いました。そして、家に着くころまでには、もう計画を立てていました。その子どもたちに靴をあげるつもりだと言い、実行したのです。」

何が子どもの心に触れるのかは分からないし、共感を呼び覚ます瞬間は、前触れもなしにやってくる。だから、子どもが本や映画に深い感銘を受けているのが分かったら、その瞬間を最大限に活用するといい。そのための方法を次に挙げるが、重要なのは、楽しいものにすることである。また、マークの父親のように、子どもの考えを尊重するといい。

方策	内容	年齢
読書の時間を作り出そう	子どもの予定をチェックし、何か減らせるものがあるか検討し、読書の時間を作る。	すべての年齢
居心地のいい場所を作ろう	読書のためのお決まり（時間や場所）を確保する。「読書は心地良いものだ」とのメッセージを埋め込もう。	すべての年齢
家庭映画会を始めよう	定期的に映画会をしてみよう。近所の人を招くのもいい。夏なら庭で、シーツを使って映写するのもいい。お薦め：「オズの魔法使い」「シャーロットのおくりもの」「ショーシャンクの空に」「やさしい本泥棒」「英国王のスピーチ」「イントゥ・ザ・ワイルド」「しあわせの隠れ場所」「アウトサイダー」「遠い空の向こうに」「E.T.」「ブレックファスト・クラブ」	すべての年齢
物語の終りを創作してみよう	著者による物語の終りを知る前に、映画を停止したり、本を手で覆ったりして、自分で終わり方を考えてみる。その後、原作と自分の終り方を比べてみるのもいい。	すべての年齢

あなたの気持ちを分かち合おう	本を読んで生まれる感情を、子どもと分け合おう。涙が出たら隠さないで、気持ちを分け合うといい。話すことにより、共感力が増す。 お薦め：『ビロードうさぎ』（マージェリー・ウイリアムズ著、石井桃子訳、童話館出版、二〇〇二年）	すべての年齢
気持ちのゲームをしよう	挿絵を使って、挿絵と同じ表情や、動作をしてみる。 お薦め：『ソフィーはとってもおこったの！』（モリー・バング著、おがわひとみ訳、評論社、二〇〇二年）	幼児、小学生
感情を込めて読み聞かせをしよう	声の調子で感情を読み取ろう。異なる声の調子で読み比べ、どんな感情か当てっこするのもいい。	幼児、小学生
オーディオブックを使ってみよう	家族でオーディオブックを聞けば、理解力や聞くスキルや記憶力が増す。オーディオブックを子どものデジタルプレーヤーや車のテープデッキにダウンロートするといい。 お薦め：『アラバマ物語』（前出）『ギヴァー　記憶を注ぐ者』（ロイス・ローリー著、島津やよい訳、新評論社、二〇一〇年）	すべての年齢
ブッククラブを始めよう	本を仲間と読むので、一緒に本を楽しめるようになる。親と子ども、子どもだけなど、いろいろな編成が可能である。	小学生以上

小説を一緒に読もう	学校の課題図書の中から、同じ本を親子で別々に読み、その後、感想を語り合う	小学生以上
読み物の内容をチェックしよう	典型的なティーンのベストセラーには、下品な言い回しが含まれている。[14] 本の批評を読んだり、パラパラと本をめくってみて、本の内容を確かめることが重要である。	小学生以上

第Ⅱ部

共感力の練習をする

ほかの人を心から助けようとする人は誰でも、自分自身を助けることになるというのは、人生の美しい報酬の一つである。

――ラルフ・ウォルド・エマーソン

第5章

共感力のある子は冷静を保てる

——感情を抑制し、自己コントロールを学ぶには——

サンディエゴの豪華な浜辺から一〇分ほど行ったところにあるシティハイツ市は、多様な人種が密集する低所得者の住む地域である。そのちょうど真ん中にエピファニー・チャータースクールがある。私はそこを訪ね、教職員が、大学入試、就職、将来の人生に向けて、生徒の全人教育にどのように取り組んでいるのかを見学した。

暴力を身近に見聞きすることが、生徒の心の大きな負担になり、終わることのないストレスは集中力や粘り強さや精神的健康を低下させ、学業を損なっている。ストレスはまた、共感力にも影響する。自分がやっと生きている状態の時、ほかの人を思いやることは難しい。ほかの人の苦しみを見聞きしすぎると思いやりが消耗し、自分もあまりに辛くなるので、共感を締め出してしまう。

教師は生徒の家庭環境を変えることはできないが、問題に対処する仕方を教えることはできる。これは私たち、親にとっても同じである。自分の家の外で起こることを監視するわけにはいかないが、何が子どもの前に立ちはだかっても、それに対処する道具を渡しておくことはできる。自己コントロールはそんな道具の一つであり、自己認識、自己抑制、感情読み取り、問題解決等のスキルから成り立っている。

小学二年生を受け持つメイラ・レイエス先生は、修復的司法〔訳注：犯罪に関わった人々の関係修復の方法〕と呼ばれるユニークなスキルを教えていた。その方法では、関係者すべて――被害者、加害者、その共同体――が一緒に問題を話し合い、解決策を提案する。その目標は、加害者が謝罪するか、なんらかの償いをすることによって、関係を修復することにある。

ルワンダのフツ族とツチ族が大量虐殺の惨事を経験した後で、冷静にお互いの視点に聞き入っているのを目にした時、私は修復的司法の信奉者になった。もし彼らに可能なら、誰にも可能である。私は修復的司法が強力な共感構築の実施方法だと気づいたが、その日、幼い子どもにもこの方法が有効であることを目のあたりにした。

学校生活では、衝突はたびたび起こる。「子どもたちは身体を使う以外の解決方法を知りませんでした」とレイエス先生は言った。それで先生は、二年生が自己コントロール、衝突解決、視点転換を学べるように、修復的司法方式を採り入れた。彼女は最初に感情読み取りを教えて、生徒が感情を特定し、冷静に問題を話し合えるようにした。生徒を鎮めるための「落ち着けコーナー」も設けた。それから、彼女は、生徒が平和的に衝突を解決するのを助ける三段階のステップを教えた。

1. **問題を特定する。**「今日～の時に、困ったことがありました」
2. **気持ちを特定する。**「私は～の気持ちです（でした）」
3. **解決を探す。**「差し当たり実行可能な解決策は～です」「実行可能な長期的解決策は～です」

差し当たりの解決策としては、謝罪する、カードを書くなどの共同作業、寸劇で肯定的な振舞いを模倣するなどがあり得る。長期的な解決策としては、相手と行動契約を結ぶ、学級の修復的司法の専門家になるなどが考えられた。生徒は何度も練習を重ね、それを実際に使う準備ができた。

私が「修復的司法の集い」を見学しにいくと、生徒が絨毯のまわりに熱心な様子で集まってきた。「手助けが必要な問題を抱えている人はいますか」とレイエス先生は聞いた。

ファニータが手を挙げた。レイエス先生は彼女に話し手を示すカードと「話は贈り物であること、話す人は大事な事柄を知らせようとしていること」をほかの生徒に思い出させるための赤いギフトボックスを手渡した。この集いの決まりには、クラスメートの名前はその人がいる時にだけ出していいこと、使う言葉は丁寧でなければならないこと（校長先生に話しかける時のように）、カードを持っている人だけが話してもいいことなどがあった。これらの決まりは、家庭での話し合いにも使える。

「今日、困ったことがありました」とファニータは話し始めた。「ペドロがコンピューター室で私の悪口を言いました」と、彼女はクラスメートに訴えた。

次は、ペドロの話す番だった（集いの場を離れて別な場所をリクエストする選択肢もあるが、ペドロはこの場で話すことを望んだ）。「今日、ファニータとの間に困ったことがありました。彼女がテーブルの下で僕を蹴ったので、僕はファニータに馬鹿と言いました」と、彼は話した。

それからペドロとファニータはそれぞれの気持ちを話した。「私は怖くなりました」とファニータが話し、ペドロは「僕はファニータに腹が立ちました」と話した。

それからペドロとファニータは、それぞれ二人の友達を指名して、長期的な解決策か差し当たりの解決策かのどちらかを、みんなに提案するように頼む。

ファニータはクリスティーナとラウルを選んだ。クリスティーナは、ペドロに馬鹿と言ったことを謝罪するよう提案した。ラウルは二人が握手して、「ごめんなさい」と言うことを提案した。

ペドロが考えを求めたアイザックは、ペドロかファニータが席替えのリクエストをすればいいと提案した。イリアーナは、ペドロがずっと後ろに離れて座ることを提案し、「そうすれば、蹴ったりできなくなる」と言った。

それから、ペドロとファニータは自分たちの解決策を決定しなければならない。かつての敵同士は一緒にひそひそ話をし、それから、二人が「一致した」ことを示す紙を二人で掲げて、二人の決定を報告した。

「差し当たりの解決策は、二人とも悪いことをしたので、お互いに謝ることです」とファニータが言った。

「長期的な解決策は、席替えをリクエストして、ケンカを止めることです」とペドロが言った。クラスメートは一斉に拍手を送り、問題の解決を喜んだ。それから約束通りに、ペドロとファニータはみんなの前で握手をした。

この子たちは、感情をコントロールし、それぞれの要求を伝え、相手の視点を理解し、双方が満足のいく解決策を作り出した。一人の八歳児がレイエス先生に話したように「私たちが小さいからと言って、大きなことができないわけではない」のである。

「初めのうち、生徒は『自分の問題』を解決しようとしたので、解決策は一方的でした。でもそのうちに、生徒は相手のことに耳を傾け始め、相手の靴に足を入れ、お互いにより深い理解を発展させるようになりました」と、レイエス先生は私に言った。

学校名の「エピファニー」は、「突然、何かについて、非常に明瞭で新しい理解を得る瞬間」を意味する。レイエス先生の「修復的司法の集い」はそのような瞬間を作り出した。生徒は自己コントロールだけではなく、平和的な問題解決と、共感力の拡大を学んでいた。それは、一人ひとりの子どもが必要とするエピファニーである。

自己コントロールを学ぶ

本書第Ⅰ部で、共感力発達のための四項目――感情の読み取り、道徳的自己認識、視点変換、道徳的想像力――について話した。これらは、子どもが親切になり、共感力の特典を獲得する可能性を高める。しかし共感力を発達させることは、方程式の一部に過ぎない。次のステップは、日々の生活の中で、共感を練習することである。そのためには、ほかの習慣も身につけなければならない――まずは自己コントロールである。自己コントロールは、子どもが自分の感情を抑え、ほかの人の気持ちを認識し、それから、どうしたら相手の助けになるかを冷静に考えることが出来るようにする。感情のコントロールの仕方を知らなければ、共感力は危うくなる。もし相手の苦痛を見てあまりにも辛く感じるなら、子どもは自分自身を守るために、本来もっている同情心を締め出すか、あるいは、相手を助けるための行動を明確に考えられなくなる。不安とストレスは共感力を妨げる。

感情のコントロールは、子どもが自分の衝動を煽《あお》るものをひとまず置いて、ほかの人のために行動するようにする。これは、子どもをアン・セルフィにする助けとなる。またこれこそ、最も必要なものだと子どもたちがいつも私に語ることがある。「どうしたら冷静になれるか、誰も教えてくれない」「あの子たちがケヴィンをいじめる時、僕はすごく腹が立つけれど、助け方がわからない」「私が人のうわさ話をしないですむように、私の口を閉じるやり方を誰かに教えてほしいの。」

　自己コントロール力を培うことは共感力を築くし、驚くべき利点もある。感情をコントロールする能力は、ＩＱ以上に学業成績をより適切に予測する指標である。[1] またそれは、成人した後も健康と経済的安定を増進させるし、忍耐力を強め、状況の悪化を跳ね返すことができるようにし、共感の空白（相手の痛みは分かるのだが、すぐに助ける行動に移れない）を埋める助けになる。そこで本章では、子どもの自己コントロール力を高めるための方法を取り扱う。

子どもが冷静を保てない理由

　落ち着けチェア、落ち着けコーナー、沈黙タイム、それに修復的司法の集いなどが、「記録的なほどストレスだらけの世代」の手助けをするために、全国いたるところの学校に出現している。教育関係者は、貧弱な自己コントロールスキルが学業成績と共感力を損なっていることを認識している。今日の子どもが自己コントロールに問題を抱えている理由と、それがどれほど共感力の空白を広げ、ほかの人への手助けを妨げているかについて、次に述べてみたい。

ストレスだらけの子ども

くったくのない子ども時代のイメージなど捨て去るといい。今日のティーンはかってないほどのストレスを経験している。三人に一人は、「押しつぶされている」と感じると話す。特に冷水を浴びせられる思いになることには、子どものストレスは私たち大人のレベルを越えているという事実もある。[2] 大学生の六人に一人は不安障害と診断され、治療を受けている。子ども期の不安障害は二五％増加している。[3] 経済的困難、トラウマ、失敗を許されないテスト、いじめ、毎日の課題などがプレッシャーとなる。

不安はほかの人の気持ちに気づくことを妨げ、視点転換を困難にし、セルフィ症候群を増す。だから、私たちは間に合ううちに、子どものストレスの引き金となるものを知り、ストレスを軽減し、破壊的な感情をコントロールする健全な方法を教えなければならない。

暴力の賛美

アメリカのメディアが世界中で一番暴力的だと呼ばれるのには根拠がある。ビデオやテレビやインターネット動画で、小学校卒業までに平均的な子どもは八〇〇〇回も殺人を目にし、一八歳になるまでには、二〇万回もの生々しい暴力を目にする。[4] 暴力的な映像に曝され過ぎると、道徳的成長が遅れ、ほかの人の気持ちを理解する能力も弱まる。[5] 一日に平均およそ七時間という、多くの子どものインターネット接続時間は、まるでフルタイムの仕事である。暴力を見たり、経験したりすればするほど、学校や家庭であろうと、テレビやコンピューターやビデオゲームであろうと、被害者としてであろうと、子どもはそれが普通で当たり前のものだと思うようになる。

攻撃的なものを見ることで、子どもの脳にも変化が起きている。脳スキャンによれば、たった一週間暴力的なビデオゲームをするだけで、普段はあまりゲームをしない子どもでさえ、脳内の、感情や注意力や集中力を統御する部分の活動に減退が見られたという。[6] 子どもが触れるメディアの中身に注意を払う時である。

行儀の悪い親

子どもはほかの人を見ることで自己コントロールを学ぶ。これについて、親が良いお手本ではないことが多々ある。子どものスポーツ行事、あるいは高校の卒業式でさえ見られる親の行儀の悪さは、ニュースで繰り返し報告されている。実際、親の行儀の悪さが目に余るので、今では雑誌『サッカー・アメリカ』がレフリー向けに、観客の悪態への対処法を取り上げている。野球やアメフトやテニスでも、大人のスポーツマンシップの無さが懸念されている。子どもは映像の中であろうとなかろうと私たち大人の行動を見ている。そして、それが子どもの性格に重要な影響を与えている。千人の子どもに対する調査では、怒りのコントロールに関して、子どもは母親に一番低い評価を下した。[7] もし親が自己コントロールや共感の模範を示さないならば、子どもはどうやってそれを学ぶというのだろうか。だから自分に問うてみるといい。「私の子どもは、行動のコントロールについて、私にどんな評価を下すだろうか」と。

マルチタスクをこなす世代

今日の子どもは、勉強しながら、食べながら、おしゃべりしながら、メールやSNSなどを器用にこなす。ほとんどの子どもは短時間であろうとSNSを忘れて学校の宿題に集中することができない。しかし注意を分散させるということは、子どもの脳の焦点がいくつかの事の間を行き来しなければならないことを意味する。それは、認知的能力の低下や精神的疲労や共感力の減少などの代償を伴う。

メールやフェイスブックの友達を数えることに心を向けているときは、目の前の人間に寄り添っていない。カトリーナ・シュワルツは「注意力が必要とする神経回路が構築されていないなら、自分の感情をコントロールし共感することが難しくなる可能性がある」と言っている。[8] また、一〇代の女の子についての調査で、マルチタスクをこなす時間と電子媒体による気晴らしが社会的、感情的スキルの減少に関連していることが分かった。[9]

マルチタスクをこなすことは、共感力の空白を広げる可能性をもたらす新たな風潮である。今こそ、「電源を切りなさい。私が話しかけている時には、私の方を見なさい」と、親として諭す言葉を復権する時である。それから、自分にもしっかりと同じ決まりを当てはめることである。

科学に聞く

自己コントロール力を育むには

チュリタ小学校では、多様な生徒の教育を行っている。私はジェニファー・ベル先生の受け持つ一年生のクラスを訪ね、彼女のマインドフルネス〔訳注：今起きていることに意識を向けること。心を落ちつかせたり集中力を高めたりする効果があるとされる。〕の授業を見学した。その日、彼女はマインドフルネスの神経科学を教えていたが、生徒は私と同様、すっかり心を奪われていた。ベル先生は、腕を挙げて（肘のところで曲げ、親指を他の四本指の中に入れたこぶしを作って）、脳の働きについて一年生に説明した。

「これが脊髄で（肘から手首までをなでながら）、脳にメッセージを送ります。脳幹（こぶしを指しながら）が、みなさんが緊張している時に呼吸やお腹などをコントロールします。近くに扁桃体があって（指の下のほうを指して）、それは、ストレスがある時には「闘ったり、逃げたり、凍り付いたり」したがります。怖れを感じる時には、素早く緊急信号を出し、身体は警告モードになります。腹が立った時、それがどうやって分かりますか？」と先生は質問する。

「僕は怒ると、頭が痛くなります」と男の子が言う。

「私は、心の中で感じます」と長いお下げ髪の女の子が付け加える。

先生は「私たちの身体は注意すべきだとストレスの合図を送り出します。ここが前頭葉（折り曲げた四本の指）で、みなさんの『賢いリーダー』です。不安を感じて扁桃体がうれしくない時、私たちの呼吸はだんだん速くなり、心臓の鼓動も激しくなり、前頭葉は考えることができなくなります。それで、私たちはいきなりかっとします（こぶしをいきなり開いて）。」

「腹を立てている時に前頭葉が考えられるようにして、扁桃体が危険警告を送らないですむようにするには、どうしたらいいでしょうか？」と先生は質問する。

七歳児全員が声を揃える「深呼吸する！」と。

「そうです。落ち着くためには、息を吸って……息を吐くことです。そうすれば、みなさんの前頭葉はもう一度賢いリーダーになることができます。息を吸うだけです！」とベル先生は言う。

感情に関する脳の働きについて、たった今、私は最高の説明を目にした。しかも、それは小学一年生に向けられたのだった。ベル先生は、ダニエル・シーゲル（精神医学臨床の教授で、カリフォルニア大学ロサンゼルス校のマインドフル・アウェアネス研究センターの所長）の理論に基づいて授業を構成した。授業の内容には、心に響くものがあったし、幼い生徒たちも理解した。

私は親がよくする間違いに気づいた。スキルの背後にある科学的根拠を説明しないことである。説明なしに、生徒はそれを身につける努力をする気になるだろうか？　このクラスの子どもたちは、呼吸の練習をする理由を、私に話してくれた（「深呼吸すると冷静になれる」、「脳がすっきりする」、「かっとならないで、妹をぶたないですむ」）。子どもたちはベル先生の授業を真剣に受け取った。

子どもたちはその呼吸の練習を一年中続けた。「静かな場所を見つけて、横になりなさい。目を閉じて、鼻から息を吸い込み、それから息を吐きなさい。呼吸の度にそれに集中しなさい。いいですか、深呼吸です」とベル先生が言うと、教室は瞬く間に静かになった。生徒は敷物の上に横になり、目を閉じ、深く息を吸った（二人の男の子は絶対に眠っていた）。私も夜に試してみようと思った。

家でも思い出せるように、生徒は紙製のヘッドバンドにお気に入りの呼吸対策の絵をはりつけていた。その紙には「深呼吸」と大きな字で印刷してあった。「生徒が生涯使える道具を学ぶ手助けをしたいのです」とベル先生は私に話した。この呼吸法とベル先生のことが、生徒の記憶にずっと残るだろうと、私は確信している。

認知能力の誇大宣伝

「マインドフルネス」は、最近の流行語である。この語は、心理学、経営、医療、教育の領域で、広く人気を得ていて、大人にも子どもにも幅広い効能が確認されている。この革命は、感情の力についての思いがけない発見から始まった。当時、感情読み取り能力や、自己コントロール力、集中力は、遺伝子によって固定されていると信じられていた。その上、感情のコントロールや社会的スキルは、子どもの成功のために「あればいい」くらいに思われていた。私たちは「認知能力の誇大宣伝」に煽られてきたので、有利な履歴——ピアノレッスン、ロボット工学、中国語レッスン、家庭教師——を子どもに与えることにエネルギーをつぎ込んだ。結局のところ、学校の成績、有名大学への入学、職場の昇進などはすべて認知的能力に依存すると思っていた。

ところが新しい研究が、この思い込みに穴を開け始めた。認知能力は確かに重要だが、私たちの偏った努力は、子どもの成功と幸せを増進するための感情と共感の驚くべき力を見過ごしていた。私たちは子どもの将来を見積り損なっていたのだ。

自己コントロールは成功への秘訣

マシュマロを使った未就学児対象の伝説的研究を、思い出してみよう。[10] 一九七〇年に、今ではよく知られた心理学者ウォルター・ミシェルが、「遊戯室」に四歳児のグループを招いた。そこで、子どもたちはお皿にのったマシュマロ（とほかのお菓子）を見せられて、一つ選ぶようにと言われた。それからが難題だった。「今、マシュマロを一つ欲しいですか、それとも私が戻ってくるまで待っていて、二つもらいたいですか？」どんな子どもにとっても待つのは難しいが、特に未就学児にはそうである。それでも、三分の一の子どもは待っていて、より多くのご褒美をもらった。

その子どもたちを追跡調査したところ、重大な違いを〔待っていた子どもと待っていなかった子どもの間に〕発見した。四歳の時に「今すぐ欲しい」の要求を抑えることができた子どもは、待てなかった子どもよりも、SAT〔訳注：アメリカ合衆国で、大学入学のための学力を測る標準テスト〕でかなり高い得点――平均で二一〇点の差をつけて――を挙げた。四〇年経ち（ミシェル教授はいまだに始めに実験した子どもを追跡している）、自己コントロール力があった子どもは社会的にずっと実力があり、自己肯定感があり、人生の悩みをうまく処理できていた。ミシェル教授は最近、世界に向かってこう発表した。自分は四〇年以上もの間、未就学児の「待つ」能力は生まれつきの気質によるものだと考えていたのだが、科学の進展により、自己コントロール力は獲得可能だということが明らかになった、と。

ニュージーランドのデュネディンにおける研究では、一〇三七人の子ども（生まれたのが同じ一年以内）を四〇年間追跡した。それによると、感情にブレーキをかける能力は成功に必須であるということが分かった。研究グループ長のテリー・モフィットは「子どもの頃の自己コントロール力は、知能が高いか低いか、金持ちか貧乏かに関わらず、大人になってからの成功を予測する力である」と言った。[11]自己コントロール力を幼い時から発揮した子どもは、もっと衝動的な子どもより、後に麻薬中毒や犯罪に走ることが少なく、より健康で経済的にも豊かな大人になった。しかし、私たちは子どもの自己コントロールのスキル獲得に本当に影響を与えることができるのだろうか。

僧侶の脳から得られた教訓

ウィスコンシン大学マディソン校の神経科学者リチャード・デイヴィッドソン教授は、どのような瞑想や感情がより意味のある人生を送る助けになるかに心を奪われた。それで彼は異例の被験者に目を向けた。そして、チベット仏教の僧侶が、一連の画期的研究のためにダライ・ラマから許可を受けてやってきた。僧侶は一人ずつ、デイヴィッドソンの実験室に連れてこられ、瞑想する間、脳活動を記録する脳波計に繋がれた。

ある実験では、瞑想を一万時間から五万時間修行した僧侶の脳の活動と、ほとんど瞑想の経験のない大学生の脳の活動が、映像でモニターされた。そのスキャン映像は研究者に衝撃を与えた。僧侶たちの脳活動は学生ボランティアの脳活動と大きく異なっていた。ほとんどの年月を瞑想して過ごしていた僧侶は、異常なほどに強いガンマ波（最高の集中と高次精神活動に関連する脳波）を放出していた。それは、大学生のものよりも三〇倍も強いもので、健康な人に関してこれまでに記録されたことのないほどの数値だった。

デイヴィッドソン教授は、脳の働きが固定されたものではなく、むしろ「神経可塑性」と呼ばれる能力を持っていることを発見した。長年の瞑想は、僧侶の脳の回線を再配置した。それだけでなく、脳が一生に渡って変化するものだということも証明した[12]。

研究チームはまた、僧侶と学生に思いやりについて瞑想させた（例えば、愛する人の幸せを祈る、自分だけでなくほかの人々の苦しみについて考える、など）。すべての被験者に、肯定的な感情や幸福感を生み出す脳の領域で活動が見られたが、僧侶については共感や他人の感情の認識に関連する領域でより活発な活動が見られた。瞑想の修行を長く続けることで、僧侶の脳の、感情を感知する領域が劇的な変化をしていたのだった。

この驚くべき発見は、子育てに関して重大な意味を持つ。つまり、親切心や思いやり、自己コントロール力も、チェロやホッケーと同じように学習することが可能だ、ということである。

学校でのマインドフルネス革命

科学は、マインドフルネスの練習で——二〜三週間に一度、数分間だけでも、免疫システムを高める、ストレスの軽減、忍耐心の増加、集中力の増進、注意力の向上、記憶力改善など、プラスの効能が得られることを示している。加えて、共感力と思いやりをも増進させる。そのため、ジェニファー・ベル先生のように、自分のクラスの日常にマインドフルネスを導入する教師が何千人もいる。またこれは、問題の多い環境で育つ若者の支援となるように思える。

サンフランシスコ市のヴィジタシオン・ヴァレー中学校が、公立校としては国内で初めて、一日に二回、一五分間の「沈黙の時間」という決まり——生徒が静かに座るか瞑想する時間——を導入した。近隣の暴力事件（一か月に九回ほど）は学校にも及び、生徒に影響を与えていた。学校関係者が試みたさまざまな方策はどれも効果がなかったのだが、この新しい方法を導入した最初の年に、停学者は四五％も減った。四年間経つと、停学は七九％も減少し、出席率は九八％に上昇し、成績やテストの得点も改善した。[13] そればかりか、生徒はより落ち着き、怒ることが少なくなり、「幸せのレベル」が急激に上昇した。近くのバートン高校（「けんか校」とあだ名されたこともある）でも「沈黙の時間」を実施し、同じような成果を得た。

治安の悪い地域の生徒が非常に大きなストレスを抱えていることは確かだが、居住地域がどこであろうとすべての子どもは自己コントロールのスキルを身につけることで恩恵を受ける。事実、上流階級の住む環境に育つ「特権的ティーン」が、現在、ほかのどの社会的経済的階層に属するアメリカ人の青年よりも高い割合で鬱、不安、薬物濫用の問題を抱えている。[14] マインドフルネスは実際、子どものストレスをくい止め、衝動的に反応するのを克服する一つの方法である。

自己コントロールを教える方法

私が「ドクター・ラジオ」の司会者アレクサンダー・バルツヴィ氏と生放送に出演中、さまざまな親が子どもの癇癪《かんしゃく》をどうしたら減らすことができるかと電話をかけてきた。「怒りの前にはストレスがあるのです。沸騰点に達する前に、子どもが落ち着くことを学ぶように手助けするのが、あなたの目標ですよ」と私は一人の親に話した。

次の電話の主はアドバイスをくれた。彼女は自分の八歳の息子が怒りを抑制する仕方を知らないことに気づいた。それで、彼女は、部屋の静かな片隅にクッションを置き、そこにＣＤプレーヤーと息子が好きな本を数冊置いた。

「その次の日に、『今日は悪い日だったし、リラックスしたいから私と一緒に座って』と、息子に頼んだのです。これが放課後の私たちの新しい決まりになりました。すると、息子の癇癪はゆっくりと消えていきました。二週間後、彼がクッションに座って音楽を聴いていました。息子は『今リラックスしているんだ』と私に言いました。今では毎日そうしています。彼は落ち着き方を私に教えてほしかっただけなのです」と、彼女は話した。

その日、すべてのリスナーがクッションを買っただろうと、私は確信している。感情をコントロールする手助けは、やり方を見せるところから始まると、あの母親はみんなに思い出させた。

・**落ち着きの模範を示そう。**子どもが自己コントロールを学ぶための最良の模範は、あなたである。大変な一日の後で、あなたは子どもの前でどう振舞うだろうか。子どもを乗せて運転していて、目の前にほかの車が横入りしたら。銀行で引き出し限度額を超えていると言われたら。子どもは見ている。あなたの振舞いが子どもに真似してほしいものであるように、気をつけることだ。

・**子どもに寄り添おう。**あなたの子どもはストレスにどう対応しているだろうか。子ども自身がストレスを感じている場合、あるいはほかの人が辛い思いをしているのを見た場合、あなたの子どもは……

＊頭痛とか胃痛とか動悸のような身体的症状が表れるか？
＊相手やその場所から離れようとするか？
＊辛いのに、苦痛を抑え込もうとするか？
＊回復に長くかかるか？

・身体が発する警報を見分けよう。最初にこのように子どもに話すといい。「腹が立っていて落ち着く必要があると、身体に小さな兆候が出るのよ。」頬が火照る、拳を握る、筋肉が固くなる、心臓の鼓動が速まる、お腹が鳴る、口が乾く、呼吸が速まるなど、身体が発する警告を子どもが見分けられるように手助けするといい。次に、子どもがいらいらしてきたら、その兆候を静かに指摘するといい。「拳を握っているわね。ストレスがあると感じる？」子どもが早くストレスに気づけば気づくほど、自分の感情をうまくコントロールできる。

・静かな場所を確保しよう。家族がストレスを解消する助けとなる場所を見つけるといい。広さは問題ではないが、気持ちがなごむような場所でなければならない。クッション、ロッキング・チェア、柔らかい枕、動物のぬいぐるみ、ＣＤプレーヤーなどが置いてあるといい。

・ストレス解消用の箱を用意しよう。私の友人は、生徒に自己コントロールを教えるための箱を開発した。中には、穏やかな音楽を入れたプレーヤー、クッシュボール〔訳注：ストレス解消用に開発されて、手で握って感触を楽しむ〕、シャボン玉セット、「怒りをぶちまけるためのメモ用紙とペンやクレヨン、それから気持ちについての本などを入れる。家庭にもストレス用の箱を用意するといい。

それぞれの子どもに合った、気持ちを落ち着かせる方法がある。自分の子どもに合うものを見つけて、それが習慣になるまで手助けするといい。

共感力アップ―その5
感情をコントロールするための呼吸法

精神を集中すると他者への気づかいや自己コントロール力が増すと、科学は証明している。次に、あなたの家族がもっとマインドフルになることを助ける四つのステップを挙げる。

ステップ1●「深呼吸」と自分に言い聞かせる

精神集中の呼吸法をまずは自分で練習して、家族に教えられるようにするといい。居心地がよく静かな場所を見つけて、肩の力をできるだけ抜こう。それから鼻から息を吸い込み、口から吐き出すという呼吸を深くゆっくりとすることに集中しよう。リラックス反応を最大限にするために、息を吐きだす時には、息を吸う時の二倍の時間をかけよう。精神集中が逸れてしまったら、呼吸に集中するように自分に静かに言い聞かせよう。自分に気持ちのいいレベルが改善するに従って、練習時間を延ばしていこう。

ステップ2●効能を説明しよう

子どもに次のように説明するといい。「ゆっくりと深呼吸すると、リラックスできて、脳が落ち着くの。はっきりと考えられるようになるし、感情をコントロールできるようになるわ。テストの前や眠る前、イライラしたり、悲しかったり、頭を冷やしたいとき、いつでもこの呼吸法を使うといいのよ。どこでも使えるし、練習すればするほど、簡単にリラックスできるようになるの。」

ステップ3●腹式呼吸を教えよう

椅子にまっすぐに座るか床に寝て、お腹の下の方に手を当てる。鼻から深く息を吸い込んで、静止して、それからゆっくりと唇から息を吐きだす。「呼吸の度に、お腹が膨らんだりへこんだりするのを意識しましょう。自分の呼吸に意識を集中しましょう。もし集中が逸れたら、『腹式呼吸に集中すること』と自分に言い聞かせましょう。」

最初は子どもの隣に座って、子どもが呼吸するときに静かに数えるといい。だんだんに吸って吐く間隔を延ばし、家族各々に応じて、練習時間を延ばすといい。

ステップ4●精神集中を家庭のお決まりの行事にしよう

一日に数回、深呼吸の練習をする時を見つけて――出かける前、学校への送り迎えの車で、夕食の時、就寝の時など――それを日課にするといい。短時間の練習を繰り返し行うのが一番効果的だ。

●年齢別の方策

私は自己コントロールを教える最も賢明な方法を、台湾のタイペイ・アメリカン・スクールの高校二年生から学んだ。彼は優等生で花形アスリート、生徒会の委員だった。しかもユーモアたっぷりで思いやりの心があった。今では絶滅危惧種のリストに載るほどだと思えるくらい「万能でバランスのとれた子ども」の典型だった。

「そこらにいるティーンの半数ほども、あなたみたいに朗らかな人はいないわ。あなたがストレスで参ったりしないのはなぜなの？」と私は聞いてみた。

彼は笑って答えた。「両親のお陰です」

「両親？　もう少し詳しく話してくれる？」

「僕の友達はほとんどみんな、良い成績を取って良い大学に入学するようにというプレッシャーを感じています。僕の両親は高校生活の厳しさを知っていたので、僕が小さい頃からちょっとずつ小出しに困難なことを体験させてくれました。両親は僕を困難から救い出すことはしなかったけれど、気持ちの落ち着かせ方や困難に対処する仕方を学ばせてくれました。それで、僕は参ってしまわないのです」と彼は言った。彼の両親は賢かったばかりでなく、息子に感情をコントロールし、人生に対処することを少しずつ、段階的に学ばせていたのだ。

方策	内容	年齢
気持ちを測ろう	子どもが自分で強い感情に気づいたら、「気持ちを表す言葉」を言わせるといい。（「悲しい」「頭にきた」「怖い」など）。それから気持ちの強さに1から10までのランクを付ける。1が一番弱く（漂う柔らかい雲）で、10は一番強い（「火山の爆発」）。子どもが自分の気持ちを表現できるように助けるといい。	すべての年齢
深呼吸：一緒に呼吸しよう	子どもと背中合わせに座り、肘のところでお互いの腕を組み合わせ、一緒に呼吸をする。子どもはあなたのゆっくりとした呼吸を真似し、あなたは子どもの呼吸に合わせようと努力する。	幼児、小学生
深呼吸：腹式呼吸のお供を使おう	子どもを上向きに寝かせ、お腹の上に小さな滑らかな石か動物のぬいぐるみを置く。呼吸のたびに、お腹の上でそれがゆっくりと上下に動くのを意識する。	すべての年齢
深呼吸：ローソクや花をイメージしよう	「初めは花の匂いをかいでいるつもりになって、次には、誕生日のロウソクをゆっくりと吹き消すつもりになってごらんなさい」と話す。子どもに「息を吸う」と「息を吐く」イメージを思い描かせる。	すべての年齢
深呼吸：綿玉を吹いてみよう	子どもの方を向いて座り、二人の手の平を上に向け、お互いの指先をつける。手の平に綿玉を置き、交互に静かに息を吹きかけ、玉がお互いの手の平を行き来し、玉が落ちないようにする。	幼児、小学生

深呼吸：シャボン玉を吹こう	子どもと一緒にシャボン玉が割れないようにゆっくりと吹いてみよう。次に「想像上のシャボン玉」を「心配事はゆっくりと消えてゆけ」と深い息で吹く練習をする。	幼児、小学生
自己制御：静かな場所を想像しよう	例えば、浜辺、ベッド、おじいちゃんのうちの裏庭、ツリーハウスなど。目を閉じ、ゆっくりと呼吸しながら、その場所を思い描く。	すべての年齢
自己制御：自分に話しかけよう	ストレスがある時に、自分に向かって言える前向きのメッセージを子どもに教えるといい。「立ち止まり、落ち着け」など。二つか三つ用意し、言いやすいものを一つ選ばせる。これが自動的に口から出るようになるまで、一日に二〜三回言う練習するといい。	小学生以上
自己制御：1と3と10	1は「立ち止まり、落ち着け」と自分に言い聞かせる。次に3まで数えながら、お腹から深く息を吸おう。それから息を吐きながら心の中で10までゆっくりと数え、その数に集中しよう。	小学生以上
ヨガを学ぼう	ヨガは、呼吸と身体活動についての意識を増し、緊張をほぐすのを助ける。年齢に応じたヨガのDVDを探し、子どもと一緒にヨガをしたり、地域のヨガ教室を見つけたり、自分でヨガのグループを始めるのもいい。	小学生以上

新しい情報を得よう	子育ての方法に関する科学的な情報についていこう。参考書：ダニエル・シーゲル『脳をみる心、心をみる脳：マインドサイトによる新しいサイコセラピー』（山藤菜穂子・小島美夏訳、星和書店、二〇一三年）、ポ・ブロンソンとアシュレー・メリーマン『間違いだらけの子育て―子育ての常識を変える10の最新ルール』（小松淳子訳、インターシフト、二〇一一年）、ウォルター・ミシェル『マシュマロ・テスト：成功する子、しない子』（柴田裕之訳、早川書房、二〇一五年）、ダニエル・ゴールマン『フォーカス』（土屋京子訳、日本経済新聞出版社、二〇一五年）	中学生以上

第6章

共感力のある子は親切を実行する

―― 思いやりを育むために、日常的にできる取り組み ――

親切は伝染性で、ほんの小さなきっかけで、すぐに広まる。私はあるグループの生徒たちやカウンセラーと一年間交流して、この教訓を見出した。彼らの目標は学校をもっと親切の溢れた雰囲気にすることにあった。彼らは、毎日の簡単で親切な行いが、共感力を培い、振舞いを改善し、文化を変え、生活を変革することを証明した。

それは一〇月のことだった。デラウエア州の高校で、四人の女子生徒がスクール・カウンセラーのスー・チャフィン先生と他二人の先生に心配事を打ち明けていた。「彼女たちは、生徒間の思いやりが欠如していることに悩んでいて、なぜあれほどに残酷になれる生徒がいるのか分からないというのです」とチャフィン先生は私に言った。「それで、私たち三人の教師はつい口走ってしまいました。今年度の終りまでに〔訳注：アメリカの学校の年度は九月から翌六月まで〕、あなた方が親切な行いを一〇〇万回できたら、私たちは頭を丸刈りにしますよ——生徒が私たちの挑戦を本気で受けるとは夢にも思わないで！」

三人の教師の何気ない言葉で、その子たちが「一〇〇万回の親切運動」と呼ぶ一年間にわたる運動が始まった。その四人組は友達を説得し、職員の助けも得た。ほかの四校も参加した。

親切な行いのアイデアが学校中に掲示された。メモを書いて渡す、ドアを開けてあげる、ほめる、笑いかける、宿題を手伝うなどの簡単なことから、海岸清掃に参加する、老人ホームでのボランティア、缶詰食品の寄付運動など、時間をかける活動もあった。親切を記録するためのホームページが立ち上げられた。チャフィン先生は、その週の親切の数を示す手作りの標識を持って大きな三輪車に乗り、その数を知らせて回った。

一か月以内に、標識には一万回の親切が記録されて、その運動は加速した。ますます多くの生徒がその運動に参加し、州内の他の学校も、ニュージャージー州やペンシルベニア州の学校も、親切運動を始めたがった。

十二月までに教職員は変化に気づいた。子どもたちはより親切になり、学校はより前向きな雰囲気になった。生徒は親切を促しあっていた。「もし誰かが何か否定的なことを言えば、ほかの子が介入してそれを止めさせました」とチャフィン先生は言った。親切が新しい規範になった。

生徒たちも違いを感じていた。「前よりももっと幸せを感じる環境に思える」、「みんなが親切にしよう、もっといい人になろうと努力している」と彼らは言った。

二月までには「親切の感染力」が定着した。「ほかの人の親切を見た生徒に親切が伝染し、さらにほかの人にうつそうという気になったようです」とチャフィン先生は私に言った。先生は「Kの世代」（Kはkindnessのこと）と、愛情を込めて生徒にあだ名をつけた。

四月には、ミルフォード高校はすっかり親切熱に浮かされていた。標識には「七〇万の親切」と記録された。その月に、私は意見を聞くために、二五人の生徒をスカイプを通してインタビューした。彼らもその運動に高揚していた。「自分の信じている事柄に夢中です」と一人が言い、別の子も「一〇〇万回の親切を達成していじめをなくそうと団結しています」と言った。

五月には、八〇万回の親切を記録し、目標達成も間近になった。年度末はあと四週間に近づいていたが、運動の勢いは衰えなかった。

年度の最後の週に、親切の数が全校集会で派手に発表された。ミルフォード高校の生徒は百六万九千百十六回の親切を成し遂げた——最初の計画よりも七万回も多かった。「K世代」の生徒たちと町中が喜ぶ中で、何人かの女性教師は約束どおり丸刈りにした。

親切の実行を学ぶ

ミルフォード高校が達成したことはすばらしい。しかし私たち自身の子どもの思いやりの行動を増やすには、彼らがなぜ成功したかを理解することが重要である。ここから得られる教訓を三点挙げる。

第一に、親切心は、親切な行いを見たり、聞いたり、実践したりすることで強化される。ミルフォードの生徒は、非常に多くの親切な行いを経験したので、「親切にする」という新しい規範が伝染し、すべての生徒が加わりたいと願うほどのものになった。

第二に、ミルフォードの生徒たちは、親切な行いが何の費用も、時間も、特別な才能も必要としないことを証明した。

第三に、子どもが親切を実行するためには、多くの機会と励ましが必要である。ミルフォードの親切運動の勢いが年間を通して続いた理由は、生徒が毎日簡単な親切をし続けて、ほかの生徒もそれを見たり経験したりして、同じことをしたいと思うようになったことにある。

これらの教訓は、私たちの家庭、学校、地域で、自分たち自身の小さな「親切革命」を起こすのに役立つ。

親切であることは、子どもがほかの人の気持ちと必要に寄り添い、より信頼し合い、ほかの人を理解するために自分から脱け出て、「私」志向でなく「私たち」志向になることを助けるものである。すべての親切は、ほかの人に気づき（「あなたの気持ちが分かります」）、思いやり（「あなたのことが気にかかります」）、共感し（「あなたと同じ気持ちです」）、助け慰める（「あなたの苦痛を和らげてあげたい」）ようにと子どもを促す。親切を実行するたびに、子どもは共感の空白を埋め合わせ、もっと向社会的行動（心理学用語。見返りを期待することなく、他人や他の集団を助け、役立とうとする行為）をするようになる。共感力の発達を助けるのは、私たちが思っているよりはずっと簡単である。子どもが微笑み、頷き、こんにちはと言い、ドアを開けてあげるようにと励ますことが、ほかの人の気持ちを共有することに向けて背を押すことになる。童話で知られるイソップは、最高にうまい言い方をしている。「親切はどれほど小さくても、無駄になることはない。」私たちの仕事は、この言葉をしっかりと子どもの心に刻みこむことである。

　親切は温かい心というだけで、目立たないスキルだと思われがちである。しかし、不安を軽減し、自信や感謝の心を深め、健康や幸福感さえも増進するなど、善い行いがもたらす驚くべき効能を、科学は証明している。[1] 事実、研究に継ぐ研究が、親切という簡単な行為はまた、共感力を活性化することを示している。それだからこそ、共感力を高める九つの習慣を本書で学ぶのである。また、本書で取り上げるほかの道具と同じように、親切は子どもの中に培うことが可能な習慣である。どのようにして可能か、読み進めていただきたい。

親切心を培うことが難しい理由

親は自分の子どもを深く愛しているもので、子どもの夢をかなえるためには何でもしたいと思う。しかし多くの親は、根拠がなく、逆効果さえあるという証拠にもかかわらず、達成感と自尊心を高めることが成功と幸せへのこの上ない処方箋だという現代の神話を信じている。さらに困ったことに、子育ての努力が成績だのトロフィーだのを子どもに獲得させることに集中していて、親切心に優先順位を与えていない風潮がある。ここにセルフィ症候群、若者の共感力の低下、共感力の空白拡大のより深い理由があり、子育てを科学に結びつける呼びかけがより一層必要とされる。

カリフォルニア州北部の湾岸地域は、スタンフォード大学やアップル社やグーグル社に近く、特権的な郵便番号を持つ。住民は高学歴で、子どもたちが恵まれているのは明らかである。私はこのような過剰に競争的な文化の中で、どうしたらストレスを減らし、思いやりのある子を育てられるかについて、複数の学校で講演をした。どの学校の保護者も、成績と自尊心が過度に重視されていると感じていた。子どもの共感力や親切心は後回しにされていた。多くの校長とも話したが、皆、成績を過度に強調することが子どもに与える悪影響を懸念していた。

ある校長も、子どもが親にほめられるのは、テストの高得点と模範的な成績によるということに気づいていた。それで、その校長は集会のやり方を変えてみた。次の全校集会で、成績だけでなく親切な行いも表彰することにした。その日、該当する生徒は一人ひとり壇上に呼ばれ、親切な行いが表彰された。「ダニーは友達を見捨てませんでした」、「サラはケリーにお見舞いの電話を毎晩しました」などと。教職員は性格について強調することが、まさに生徒が必要とするメッセージだと感じた。職員が予期しなかったのは、親からの怒りの電話が殺到したことだった。

「私の息子は『親切賞』をもらえなかったので、荒れています。」

「うちの子は良い成績を取るために一生懸命勉強しました。表彰対象の変更は不公平です。」

別の親はこう言った。「親切と成績と何の関係があるのですか？　学校は子どもに成功するための準備をさせるところです——善人になるために通うのではありません！」

それからこう言う人もいた。「学校が親切賞を与えると言ってくれていたら、親切にしなさいと娘に教えておくことができたのに！」

親のこのような感覚は、湾岸地域に限らない。親切心は、合衆国のいたるところで落ち込んでいるし、資料がそれを証明している。

成績を優先する親

二〇一四年六月のことだが、私はハーバード大学大学院のリチャード・ワイスボード教授の招きで、「思いやり普及会（Making Caring Common: http://mcc.gse.harvard.edu/）」というグループで活動するすばらしい専門家たちに出会った。ハーバード大学は、全国の一万校に及ぶ中学生と高校生を対象とした、何に最も高い価値を置いているかについての調査を発表するところだった。[2]結果は控えめに言っても、憂慮すべきものだった。生徒の八〇％は一番の優先事項に「高学力あるいは幸せ」を選び、親から課せられている最も重要な課題は「成功」だと言った。ほんの二〇％が「ほかの人への思いやり」を選んだ。さらに、思いやりに低い優先順位をつけた生徒は、共感力の測定でも低い数値を記録する傾向にあった。

生徒がどこでその優先順位を学んだかという点こそ問題である。五人中四人が、親は思いやりよりも成績や幸せを重んじると答えた。子どもたちは、次の発言に同意する割合が同意しない場合よりも三倍も高い。「両親は、私がクラスや学校で地域の人に思いやりの行為をするよりも、良い成績をもらうほうが、誇りに思ってくれます。」

ここにはっきりと、「今日の子どもは思いやりよりも成績に価値を置いている」と宣言されていた。それは親もそう思っていると子どもが信じているからだった。その部屋にいた大人はみんなショックを受けた。しかしまた不思議なこともあった。調査に参加した九六％の親は、思いやりのある子にぜひ育てたいと思い、道徳的性格の発達は「不可欠ではないにしても、非常に重要だ」と信じていると言ったという。そうかもしれないが、しかし「親切にしなさい」のメッセージは、調査の結果に見当たらない。次の二つの言葉がこの不一致を要約している。「パパは親切は大切だと言うけれど、本当は僕に勝ち抜いてほしいんだ――何を置いてもね。」「ママは善い人になりなさいと言うけれど、「月間市民賞」をもらうよりも成績優秀者のリストに載る方が喜ぶの。」

子育てのスタイルは変化するかもしれないが、一つ確かなことがある。子どもは親の欺瞞を察知する才能に長けている。ハーバードの調査結果は、私たちに対する覚醒の呼びかけである。もし親切心があり、思いやりのある世代を真剣に育てたいならば、その期待は子どもにもっと明瞭に伝わっているはずである。だから、親切な行いがどのように成功と幸せへの特典を与えるかを、私たちはもっとよく理解しなければならない。

科学に聞く
親切心の恩恵とは

ヒューストン市の六年生は、何日も前からびっくりプレゼントを計画していて、五歳の子どもたちの反応を見るのを待ちきれなかった。九月以降、上級生（「大きなお友達」）は一人ずつ、一人の幼稚園児（「小さなお友達」）に、読み書きを教えるお手伝いをしていた。もうすぐクリスマスで、「大きなお友達」は、自分たちの小さな友達に何か特別なことをしたいと思った。それで、生徒たちは幼稚園の先生に頼んで、幼稚園児にサンタクロース宛ての手紙を書いてもらった。上級生はサンタクロースになって、幼稚園児の手紙に返事を書くということになったが、そこにある仕掛けをした。手紙が北極から直送されたように見せかけるために、返事の手紙が配達される前、食堂の職員に手紙を冷凍庫に保存してもらったのである。

二日後、氷がついた封筒を校長先生が五歳児へ渡すのを、六年生は並んで見守った。「小さなお友達」は興奮して叫び声をあげた。「ほんとにサンタクロースから手紙が来た！」「私のには、サンタの家の雪がついている！」しかし一番喜んだのは六年生だった。「あの子たち、驚いていたね！」

「本当にうれしそうだったね」「今度は何をしようか?」」

「親切な送り主」はそれを受け取った五歳児よりももっと喜んだ。ミルフォードのティーンと同様に、ここの六年生は親切心の伝染力に感染して、ほかの人のために何かをする喜びを学んだのだ。簡単な親切な行為が、彼らの心を開いて、最新の科学の正しさを証明した。親切心はブーメランのようなもので、送り出せば、自分のところに戻ってくるので、また送り返したくなる。

自己中心的でない子になる

親切は伝染するということには証拠がある。カリフォルニア大学サンディエゴ校のジェイムス・ファウラーとハーバード大学のニコラス・クリスタキスは、向社会的な行為は人から人へ実際に広がるという実験的証拠を初めて出した。親切で利他的な振舞いをされると、人はたいていの場合、そうしてくれた以外の人に「ペイ・フォワード」する。一人の親切な行為はまず三人に広がり、次に、その三人から九人に広がり、いつかはさらに多くの人に広がる。そのネットワークの一人ひとりが一〇人、あるいは直接の知り合いでもなく会ったこともない何百人にも影響を与える。[3]
また「親切フォワード」運動に参加することで、子どもの性格も変えられる。親切の実行は、共感力の構築やアン・セルフィ拡張の経験になる。それがまさに、ミルフォードのティーンやヒューストンの六年生に起こったことである。親切な行いが生徒の性格を変え、ほかの人に焦点を置くようにさせたのだ。

幸せな子になる

性差、人種、年齢、政治的傾向を問わず、大人の三人に二人は、子どもの幸せについて「非常に気にかけている」と言う。[4] しかし、私たちは子どもの幸せ指数を高めるのに間違った源泉に目を向けているのかもしれない。子どもが親切を実行するように手助けすることは、子どもの共感力を高めるだけでなく、子どもの幸福度を高めることになるのに。

親切心と幸せを最大限にするのに何が有効かを発見するために、カリフォルニア大学リバーサイド校の心理学者ソーニャ・リュボミルスキーは画期的な一連の研究を行った。二つのグループの学生が六週間にわたり、自分が自由に選んだ親切な行為を週に五回実行するように求められた。行為は、簡単なものからかなり大規模なものまで――ホームレスの人にビッグマックを一つ買う、弟や妹の宿題を助ける、先生に感謝のメッセージを書く、老人施設を訪問する、家事を助ける、ホームレスのシェルターで仕事をするなど――なんでもよかった。片方のグループの学生は、その五つの親切な行為をいつしてもよいとされた。もう一方のグループは、決まった曜日（例えば火曜日）にすることとされた。それから六週間、週に一度、両方のグループは自分のしたことを記述した「親切レポート」を提出した。その結果には、リュボミルスキーさえも驚いた。一日にすべて五つの親切な行為をした学生は、六週間の調査期間の終りに、幸福感が最大だった。調査の参加者がより幸せを感じた主な理由は、「親切をされた人がどれほど感謝しているかを認識したことにある。学生は助けた人々の中に感謝の気持ちを感じ取ったのである」とリュボミルスキーは説明している。[5]

しかし、最も決定的な発見は、親切にする習慣は子どもの自己イメージと行動を変えることができるということだった。「親切な行為をすると、その人は自分を利他的で思いやりのある人間だと考え始める」とリュボミルスキーは言う。これは、心理学の定説と一致する。つまり、私たちの行動は自己イメージに一致するという説である。もし子どもが自分を親切だと見なせば、子どもは親切な行為をもっとする。親切な行為は、受け取り手だけでなく、それを与える者にも、爆発的効果をすぐにもたらし始める。

人に好かれる子になる

子どもが人に好かれ、友達に恵まれることを望まない親がいるだろうか？　カナダのブリティッシュ・コロンビア大学とカリフォルニア大学リバーサイド校の研究者は、予期していなかったことを発見した[6]。優しい行為は親切心と幸福感を高め、同時に友達も作る。

カナダのバンクーバー市の学校で、何百人もの九歳から一一歳の子どもが四週間にわたる実験に参加した。生徒は無作為に二つのグループに分けられ、一方のグループは、毎週三つの親切な行為を実行した――お弁当を分け合う、お母さんにストレスがあるようだったらハグしてあげるなど。もう一方のグループは毎週三か所の楽しい場所を訪ねた――公園、野球場、祖父母の家など。どちらのグループも、親切な行為や楽しい訪問について調査表に記録した。

一か月の終わりに調査したところ、結果は意外なものではなかった。すべての子どもの幸福感が増していた。そして、予期しない結果もあった。それは親切な行為を実行した生徒はその一か月の間に友達を得ていた。多くのクラスメートが、楽しい場所を訪ねた子どもと一緒にいるよりも、親切な行為をした子どもと一緒に学校の活動に参加したり時間を過ごしたりしたいと言った。親切な行為をすることで、子どもはより好かれるようになる。子どもは、親切な心を持った友達と一緒にいることが好きである。

与える喜びを発見する

ここでざっと見た科学的結果は、親切を実行することで、向社会的行動、幸福感、自尊心、感謝、人気、健康、忍耐心が増すという、希望の持てる発見を示している。しかし、最も重大なのは次の点である。親切な行為をするとき、子どもは与える喜びを発見し、ほかの人からの感謝を感じ、自分をもっと思いやりがあるとみなし、「ほかの人の靴にちょっとでも足を踏み入れる。」すると、共感人の扉が開き、共感の空白が減少する。

子どもの親切心を培う方法

私は講演をするとき、すべての子育てグループに「家族再会パーティのテスト」と呼んでいる問いを投げかけることにしている。

今から二五年後に家族の再会パーティをして、大人になった自分の子どもたちが子ども時代について話し合っているのを盗み聞きしているつもりになってみましょう。子どもたちはあなたの典型的な行動をどのように話しているでしょうか。あなたが与えた「最も重要なメッセージ」として、子どもたちは何を覚えているでしょうか。

どこで講演しても反応は同じで、打ちのめされたような沈黙があり、強い罪の意識が現れる。親は突然、「何よりも成績」というメッセージを子どもが受け取っていることに気づかされるからだ。

結局のところ、私たちは評価、順位、得点が成功と幸福の目印という、テスト漬けの競争社会に生きている。だから、子どものスケジュールには、家庭教師、ドリル、宿題の時間、スペリングコンテストの練習などが詰め込まれている。加えてバイオリンのレッスン、サッカーの練習、ディベート・クラブ、その他何であれ子どもに「有名校進学に有利になること」が来る。典型的な親の問いかけは「何を習ったの?」「成績はどうだった?」である。親切心や共感についての問いかけ——「今日、誰かに善いことをしてあげたかしら?」「自分が新しく来た転校生だったら、どんな気持ちがするかしら?」——は、悲しいことだがまれである。なぜなら、これらの話題は子どもの人生設計に関する優先事項と一致しないからである。

私たちの生活は急《せ》かされていて、落ち着かない。自分自身のスケジュールだけでも厳しいのに、子どもが私たちから何を学んでいるかを検証するために立ち止まるどころではない。しかし、これら台本にない家庭生活のどの瞬間も、必ず子どもの中に蓄積される。私たちの一挙手一投足は、子どもが親切心と思いやりの価値を学ぶ――あるいは捨て去る――手本である。

本当のところ、子どもは私たちを見ているし真似している。子どもは大人の親切あるいは利己的な行為を確かに真似していると研究が証明している。利他的な養育者に触れている子どもは、一般的にその思いやりの傾向を採り入れる。ほかの人を助けて親切にする重要性を話す大人は、子どもの共感指数に確かに影響を与える。[7] 子どもの性格に私たちの態度が重要なのは確かである――つまり、子どもの模範となる話し方や生活態度を私たちが実行するかどうかである。私たちが示す模範に親切心も含まれていることを願う。親切心は簡単に培える。その最善の方法は、きれいな教材や教科書やプログラムではない。模範を示し、期待を込め、指導し、説明し、強化することこそ、親切心を培う最も効果的な方法である。ここでの秘訣は、親切の実行を、家庭とあなたの日常生活の自然な一部にすることである。そうすれば、子どもはそれを見て、真似し、採り入れる。親切心を私たちの忙しい生活に取り戻し、織り込む方法を次に述べよう。

・**親切の模範を示そう。**あなたが親切を差し伸べるのを子どもが見られるようにするといい。日常生活には多くの機会がある。お年寄りにバスや電車で席をゆずる、落ち込んでいる友人に電話するなど。親切にするとどんなに気持ちがいいかを子どもに話すといい。親切にするとどんな気持ちになるかを、見聞きし経験すればするほど、子どもはそのことを自分の性格の一部に組み入れる。

・**親切な行為を期待していることを告げよう。**あなたが価値を置く事柄について明確に知らせるべきである。親切でない行動についての考えを表明し、なぜそう感じるかを説明すると、子どももそう考えるようになる。自分の信念を繰り返しはっきりと説明するといい。これが子どもに期待されている行為の基準となる。

・**親切な行為に価値を置こう。**テストに追い立てられる社会では、成果と成績にとらわれやすくなる。定期的に「停止」ボタンを押し、自分の発言に耳を傾けるといい。あなたのメッセージはどれくらいの割合で成績や成果に向けられているだろうか。親切な行為や思いやりについてはどうだろうか。もし一方に偏っていると気づいたら、もう少し親切を強調し、成果への強調を減らすといい。

・**親切について振り返る質問をしよう。**ハーバード大学の「思いやり普及会」では、子どもの考えや感情や経験を引き出す問いをもっと多くするようにとアドバイスしている。「今日は何をしたの」と聞く代わりに、「今日したことで気持ちがよかったのは何?」「誰かがあなたの気分をよくしてくれた?　何か親切なことをしてあげた?」など。簡単な会話が、子どもに親切を探し始めさせるし、美徳について考え始めさせる。

・**親切について説明しよう。**親切が誰かの役に立つという具体例を説明するのは、親切心を培うために効果的である。自然になされた親切を探し、それが受け取り手にどのような影響を与えたかについて話し合うために、その例を使うといい。私が考案した三つの方策は、親切がどのようにプラスの影響を与えるかを子どもが特定する手助けになる。

①誰が親切な行為を受けたのかを**話す**。
②親切な言葉や行いがどういうものだったのかを**特定する**。
③その行為がどのように受け取り手に影響を与えたかを**指摘する**。

この三項目を適用する方法を探すといい。あなたの息子は、友達が自分の弟をからかうのを見て、やめてと言った。「ケヴィン、弟が困っているのを見て、弟のために立ち上がったわね。弟はどんなにほっとしたことでしょう。親切だったわね。」

さあそれでは、家族再会パーティのテストに戻ろう。子どもは、あなたの現在の振舞いを、将来の家族再会パーティでどのように述べるだろうか。そこに親切が含まれているだろうか。子どもが見ていることを忘れないようにしよう。

共感力アップ──その6
日常的に親切を実行するために

親切心がDNAによって決まっている固定的な特質だと考えてはいけない。それは、鍛錬によって強化することができる筋肉のようなものである。読み書き、テニス、チェロ、バレー──その他何であれ──の技能と同様に、共感力も経験によって向上する。子どもの親切心を増すのは簡単である。しかし、様々なよい鍛錬法と同じように、経験を日々重ねることが、真の変化を起こすために決定的に重要である。

子どもが親切を実行するための簡単な方法は、「親切な言葉かけや行為を毎日最低二つしよう」と促すことである。共感力を培うためには、その行為が（打算に基づくのではなく）「行う人の真心から発して」いて、（受け取り手の反応を見ることができるように、少なくとも最初は）「顔と顔を合わせて」行われ、お返しを期待せずになされなければならない。その習慣が身に着いたら「週に一度の大きな親切」とか「水曜日に三つの親切」などへと変えることもできる。

親切のやり方を知れば知るほど、子どもは親切な行動をするようになる。それなので、簡単にできる親切を、子どもと一緒にできるだけたくさん洗い出してみるといい。リストにして冷蔵庫に貼ったりパソコンのスクリーンセーバーにして、次のようなことをどんどん付け加えていくといい。

・「こんにちは」と言う、笑いかける、なにかを分け合う。
・言われなくても家事を手伝う。
・ドアを開けて、先に通してあげる。
・毎日誰か新しい人に手を振ったり、笑顔で挨拶したりする。
・弟や妹やほかの子に、本を読んであげる。
・弟や妹の宿題を手伝う。
・誰か該当する人に「おめでとう」と言ったり、ハイタッチをしてあげる。
・お年寄りや障がいのある近所の人のために、雪かきや落ち葉かきをする。
・寂しそうにしている人に、一緒に昼食を食べたり遊んだりしようと声をかけてみる。
・誰かに「今日もいい一日を」のメッセージをあげる。
・傷んでいない古本を図書館や子ども病棟に届ける。

親切の習慣を身につける方法

・**言ったことを実行しよう。**子どもにとっての親切の模範になるよう、もっと意識するといい。定期的に自分に問いかけるといい。「私が親切に価値を置いていると子どもにわかるようなことを、何か今日したかしら?」「子どもが見る親切の模範が私だけだとしたら、子どもは今日何を学んだかしら?」

・**よい模範を子どもの周りにそろえよう。**子どもの生活の中にいるあなた以外の大人——コーチ、教師、ベビーシッター、親類、ほかの子の親たち——にも注意を払おう。彼らは、親切心を身につける助けとなっているだろうか、それともそれを妨げているだろうか。

・**親切が及ぼす影響を示そう。**ほかの人を助ける機会を与えられた[8]子どもは、さらに人を助けるようになる傾向がある——特に、相手への影響を指摘された場合には。それなので、子どもがした親切の影響を伝えるといい。「おばあちゃんは、あなたが電話をかけてお礼を言った時に、とても喜んだわね。」「おもちゃを貸してあげたときに、サラがにっこりしたのを見た?」

・適切な問いを投げかけよう。適切な問いかけは、親切がほかの人に及ぼした影響と自分に対する影響を、子どもが認識するのに役立つ。夕食の時や就寝の時に、親切について振り返るといい。「あなたが親切にしたときに、その人はどうした？」「その人はどんな気持ちだったと思う？」「もしあなたがその人だったら、どんな気持ちがしたかしら？」

・週に一度親切な行いをすることを、家族の決まり事にしよう。親切にちょっとした楽しさを付け加える方法を探すといい。もし簡単で楽しい決まり事ができれば、それは一挙両得の効果がある。ある母親は子どもに「楽しい休日を」と書いたメモをキャンディと一緒に、近所の家のドアにこっそりと提げさせるそうだ（子どもは植木の陰に隠れていて、近所の人が喜ぶ様子を見るのが大好きだと、母親は言う）。

・財布を使わないようにしよう。親切の魅力を高める一番簡単な方法は、すぐにその行為を強化することである。子どもが親切にしたことに気づいた時に、どれほどあなたがうれしいかを子どもに話すといい。「あなたはいつもおばあちゃんに、お元気ですかと電話をかけているわね。あなたが優しいので、私はとてもうれしいわ。」効果的な褒め言葉とは、具体的かつ真実でそれに価するものだ。しかし言葉で褒めて――ご褒美はあげないことだ。

●年齢別の方策

ある休日に、ジェシカとマーク夫妻は自分たちの三人の息子が「欲しい、欲しい」の罠にはまったことに気づいた。「与えることはもらうことと同じように楽しいと、子どもに学んでほしい」と思った二人は、「秘密の親切さん」という新しい家族行事を始めた。ひとりずつ――ママとパパも――バスケットから名前を取り出し、ハヌカの期間〔訳注：ユダヤ人の伝統的な祭りで八日間続く〕毎日、その名前の人に秘密で親切な行為をするというものだった。親切な行為は、お金を使ってはいけないことにし、「心から出たもの」でなければならなかった。

最初の秘密の行為で、この家族行事に対するためらいの気持ちはなくなった。子どもはクッキーを焼いたり、花束を作ったり、兄弟の壊れたネックレスを繋ぎ直してあげたり、兄弟の部屋を掃除したり、ママのベッドに朝食を運んであげることもした。「子どもたちは、兄弟を驚かせて反応を見るのを待ちきれないほどでした。一番良かったことは、息子たちが与える喜びを学び直したことです」とジェシカは言った。

ジェシカとマークだけではない。多くの親は子どもに、親切心、思いやり、与えることをもっと重んじてほしいと思っている。次に家庭や学校や近所で、「親切革命」を始めるためのやり方を挙げてみる。活動が楽しく変化に富み、続けていけるようにするといい。親切を受けた人と与えた人の両方が、どのように影響を受けたかを話し合う時間を作るといい。こうすることによって、子どもはもっとほかの人について考えるようになり、自分中心に考えることが少なくなり、「共感力の特典」も得られるようになる。

方策	内容	年齢
「親切の箱」を作ろう	箱を用意する。家族の親切な行為を探し、その行為を文字や絵でメモしたものを箱に入れる。夕食など家族が集まる時にそのメモを読み上げる。こうして、お互いの善い行いを全員が探し始めるのを助ける。	幼児、小学生
「親切の壺」を作ろう	壺（透明のプラスチック容器）を用意する。親切を受けた人が親切をしてくれた人の名前と行為を報告する（夕食のあとなど）。親はその度に壺に一セントを入れる。親切な行いをする度に、一セント銅貨が壺の中に貯まっていく。壺が一杯になったら、そのお金をどこに寄付するかをみんなで決める。	幼児、小学生
「親切のバスケット」を作ろう	バスケット（どんな容器でもいい）を用意して、傍に小石を置いておく。家族の親切な行為を見つけたら、親切の受け取り手と共に喜び、黒いマジックペンで小石の上に親切にした人の名前	すべての年齢

	の頭文字を書く。それを「親切のバスケット」に入れる。月末に——あるいはバスケットが一杯になったときにはいつでも——楽しいお出かけをして、家族の親切な行為を一緒にお祝いする。	
「親切の花瓶」をテーブルに置こう	家族みんなで、思いつく親切な行為をできるだけ多く挙げてみよう。次に、およそ一〇センチメートル四方の色の厚紙を、いろいろな形に（まる、三角、ハート等々）、一五〜二五枚子どもに切らせる。切り取った紙のそれぞれに、親切な行為を一つ書き、キラキラやシールやペンなど何でもいいので、飾りつける。その紙の裏に割り箸などの棒を貼り付け、花瓶に差しておく。毎朝、家族は親切な行為を一つ花瓶から抜き出し、その日にその行為を誰かのためにする。夕食のときに、それぞれがした親切な行為を話し合う。	幼児、小学生
「親切の壁」を飾ろう	家族の親切な行為を見つけたら、ポストイットに書いて壁に張るといい。親切な行為のコラージュが壁を覆う。	すべての年齢
「バケツいっぱい運動」を始めよう	小さいプラスチックのバケツかコップを用意する。親切を受けた人が、親切をしてくれた人のバケツに感謝の言葉を書いたメモを入れる。親切な行いをすると、自分のバケツが感謝のメモでいっぱいになる。	幼児、小学生

親切を記録しよう	小さな親切でも大きな親切でも、子どもの努力の跡を振り返らせるといい。子どもに小さな日記帳を渡し、自分のした親切な行為を書かせてもいいし、親切な行為をした瞬間の写真を撮り、切り抜き帳に張ってもいい。	すべての年齢
思いやりの対象を選ぼう	子どもが大好きなこと、あるいは関心のあることを知り、それを思いやりの対象とうまくマッチさせると、親切の動機づけになる。ある男の子の母親は癌との闘いに勝った。その後、その子は、地域の小児病棟にいる子どもの癌患者のために、毎日病院のホームページに励ましのメールを送るようにと、サッカーのチームメートを説得した。患者はその思いやりの行為に大喜びしたが、メールを送った男の子たちは、もっと幸せな気分になった。	すべての年齢

第7章

共感力のある子は「あの人たち」ではなく「私たち」と考える

――チームワークと協力を通して共感力を培うには――

ロサンゼルス市のアルダーマ小学校では教職員が「遊び塾（Playworks）」というプログラムで、六八五名の生徒に新しいやり方の休み時間を実施していた。この方法は、子どもたちが協力して問題を解決することで思いやりの環境を作り出し、攻撃やいじめを減らすことを目的としていたが、それはすべて遊びに焦点があった。

ジャロン・ウイリアムズ先生は「遊び塾」の責任者で、私を学校の運動場によくあるジャングルジム、バスケットボールの練習用ゴール、四角いコートなどに案内してくれた。先生は「本校には辛い毎日を送っている子どももいます。それなので、安全な場所を用意し、子どもがプラスの経験をできるようにと努力しています」と話した。

学校の近隣には、落書きで覆われた低所得者層の住宅があり、地域のたいていの店舗では、セキュリティのために、窓やドアには厳重な鉄製のシャッターに鍵がかけられていた。多くの生徒にとって、学校の運動場が安全で楽しい屋外遊びができる唯一の場所なのだ。

アルダーマの各クラスは月に二度、コーチが指導する遊びのレッスンを四五分間受けることになっている。私が訪問した時には、五年生の遊び時間が始まるところだった。コーチのリサ・フリアス先生が生徒にあいさつした。「私たち遊びのきまりは何ですか」と先生が聞くと、「誰でも仲間に入れる、親切にする、一緒にする、楽しく遊ぶ！」と生徒は答えた。生徒はこれを暗唱し、実行する。

その日の遊びは四人組ライン・バスケットボールだった。生徒は誰も仲間外れにならないように、一、二、三、四と順に番号を言っていった。プログラムのあいだ中、フリアス先生は、子どもたちにほかの人のことを考えるように促し（「自分の相手とハイタッチして」「『すごい』とほめてあげなさい」）、また、問題解決のスキルを使うよう促した（「問題があるなら、ジャンケンしてね」）。それに応えて、生徒はチームメートと励まし合った。

「どんなところがよかった？」とフリアス先生はゲームが終わってから聞いた。子どもたちは即座に答えた。「みんなを混ぜてあげたよ」「楽しかった」「一緒にやった」「チームになっていた」等々これに異論はなかった。共同作業についての最高の授業の一つを、私はたった今見学したのだ。

次に見学したのは、三年生から六年生までの休み時間だった。これにはまた、別な方法が用いられていた。フリアス先生とウイリアムズ先生は遊びの種類を説明した。リレーと四人組ライン・バスケットボール、ハンドボール、ジャンケンであった。瞬く間に、誰もが遊び始めた。誰も仲間外れはいなかった。コーチたちも子どもと一緒に遊んだ。

ある時点で、サーブについて意見が対立したが、ジャンケンで解決し、ゲームを再開した。生徒は教わった他の手法も使った。「マイクは一つ」（一度に一人が話すこと）、「前進、後退」（出番が回ってこなかったら進み出て入れてもらうし、あまり出過ぎていたら後退し、誰かに出番をあげる）、「試してみる」（好きでないと決め込む前に試してみる）など。もしすべての子どもが、あるいは大人も——このような簡単な共同作業の作戦を学ぶなら、どんなにいいだろう。

他にも違いがあった。四年生と五年生には紫のTシャツを着ている子が数人いて、それは彼らが訓練を受けたジュニア・コーチだという印だった。この子たちは、自分も遊ぶが、仲間がゲームのルールを理解する手助けをしたり、みんなとうまく行くように励ましたり、仲裁役にもなった。

ジュニア・コーチの一人のケースレンは、このような平和的解決策は役に立つと私に話した。「時には喧嘩になりますが、ジュニア・コーチは喧嘩を止めさせるためにいろいろな仲裁法を試します。みんなはそれを見て、今度はクラスでそれを試します」と彼女は言った。

ハビエルが付け加えた。「子どものうちに互いに優しくし傷つけ合わないようにすることを学べば、大人になっても同じことをすることでしょう。」

「遊び塾」は、一九九六年、社会活動家のジル・ビアレットが、ある小学校の校長と話していたときに思いついたものだ。オークランド市の校長は、自分と教師たちは運動場での喧嘩の扱いにどれほど時間を費やしたか、それでも同じ子どもが毎日喧嘩するのを校長室から見ることについて、ビアレット氏に不満を漏らしていた。ビアレット氏は、休み時間をプラスの経験の場に変えるために「遊び塾」を創設し、子どもが仲良く、安全に遊び、喧嘩を解決する手だてを学ぶ手助けをするようになった。このプログラムは、今では、全国の低所得者居住地域の三八〇校で実施されていて、およそ四二万五千人の生徒に影響を与えている。

研究によれば、「遊び塾」を実施している学校では、いじめや仲間外れが四三％減少している。[1] それればかりか、これを実施している学校の生徒は、実施していない学校の生徒よりも礼儀正しく、授業への集中力もある。模範と共同体意識と大人の見守りがあるところで、共感力構築は効果を上げているように見える。運動場で学んだスキルが教室にも拡散して行く。

シカゴ市の校長ジョセフ・ペイラ先生はスペリング大会の時、変化に気づいた。以前は、スペルを間違えた子どもは困惑したり泣き出したりしたし、教師はほかの生徒がくすくす笑うのを止めさせなければならなかった。ところが今では「誰かが間違えると、生徒たちはその子のために拍手するのです。壇上にいる子どもたちも『大丈夫！』『次はうまく行くよ！』『惜しい！』などと励まします。それから次の子は間違えた生徒にハイタッチをしてあげるのです」と校長は話した。このような「あの人たち」から「私たち」への変化を「遊び塾」の成果だと、彼は言った。

「すべての子どもに最善のものをもたらす力を遊びが持っているという考えは、見過ごせません」とビアレット氏は私に話した。

彼女はまた、まだ活用されていない遊びの力についても話した。

「誰かと遊ぶ時にはつながりがあり、それが共感を可能にします。遊んでいない時には、『あの人たち』という感覚が付きまといます——私たちは実際以上に離れ離れになり、『あの人たち』との違いが大きくなります。遊びは共感力への扉を開ける偉大な道具です。」

チームワークの構築を学ぶ

ボクシングの伝説的存在モハメド・アリは、史上最も短い詩をハーバード大学の卒業式で披露した。アリが卒業生にここから出て世界を変える人になるようにと促した後に、一人の学生が突然に質問した。「私たちに詩をください」と。アリは即興的にたった二語で答えた。「私……私たち(Me…We)。」ここに、共感力を培うための鍵が表明されている。私たちの心は、自己中心性を捨て去り、ほかの人と共に感じるときに初めて開く。つまり、共感はいつも「私たち」という経験である。

共通の目標に向かって一緒に行動することは、子どもが「私が―私に―私のもの」から「私たちが―私たちに―私たちのもの」へという重要な移行をする助けとなる。このような「私たち」的な経験はまた、自分と異なる関心を持つ人への感覚を鋭敏にし、社会的視野を広げ、共感力を開花させる。ローマン・クルツナリックは「ほかの人と同じ靴を履くというよりも、むしろ同じ船に乗っていると考えるといい」と言っている。[2]

協力的で思いやりのある人間関係は、子どもをより賢くし、幸せにし、健康にすると同時に、より向社会的で、忍耐強く、また共感的にする。アルフィー・コーンは「協力は、ほかの人の視点を理解する能力を高めると、かなりの研究が確証している」と指摘する。[3] 共同作業はまた、「お互いに感じよく思わず、対等ではなく、まったく理解できないような、バラバラで利害も異なる人々を団結させる」力を持つと、社会学者のリチャード・セネットは言う。[4]

その日アルダーマの運動場で、私は遊びが本当に共感の扉を開けるのを見た。生徒は楽しむと同時に協力や思いやりを学んでいた。それ以上に期待が持てたのは、運動場での経験が「私たち」対「あの人たち」の区別をなくしているように見えたことである。チーム活動で友達グループを混ぜ合わせることで、子どもの社会的な輪が広がり、共感力が高まっていた。

私たちは共感を学ぶための最高の場が、運動場や砂場であることを見過ごしているのかもしれない。昔ながらの遊びが子どもの社会的、感情的、認知的、身体的な発達を豊かにすると同時に、共感的な経験と「共感力の特典」の獲得に向けた可能性を豊かにする。しかし悲しいことに、あまりにも多くの子どもが遊びを奪われ、超競争的な子ども時代を送っていて、ジャンケンや「公平に！」とか「一緒に遊ぶ？」などを学ぶ機会も失っている。

チームワークを教えるのが困難な理由

過去五年間に私が訪問した三〇か国以上の、経済発展を遂げたすべての地域では文化を揺るがすほどの変動が起こっているのを見た。それは子ども時代を作り変え、子どもが健全な人間関係と共感を学ぶことを危うくしている。今こそ、真剣な覚醒の呼びかけをすべき時である。

遊びの時間よ、さようなら

数十年前の子どもたちは、自転車を乗り回し、雲を見つめ、戸外で遊んだものだった。しかし大人がそれを劇的に変えてしまった。一九八一年から一九九七年の間に、戸外での自由な遊び（特に決まりも大人の監督もない遊び）は五〇％減少した。[5] 戸外での遊びが減り、デジタル活動が増加したこの一〇年間に「子どもの不安感、鬱、ナルシシズムが目立って増加し、共感力が目立って減少した」とピーター・グレイは述べている。[6]

遊びによって、子どもは仲間と付き合い、協力し、深く思いやり、問題を解決し、交渉し、分け合い、意思疎通をし、妥協することを学ぶ。遊びはまた、子どもに違いを認めさせ、壁を取り払い、「あの人たちではなく私たち」という精神構造を発達させる強力な道具である。ジェレミー・リフキンは「遊びがないところでは、一体どのようにしたら共感力を発達させられるのかと想像することさえむずかしい」と述べている。[7]

しかし、私たちの子どもの生活に遊びが少ないのは、現実である。そして、打撃を受けているのは子どもの精神衛生と共感力である。

決まりごとの多すぎる生活

子どもに優秀さを望むのは、何も珍しいことではない。しかし、今日の熾烈な成績競争や履歴書で計られる「成功」の基準は行き過ぎている。私たちは自分の子の成績について心配するあまり、子どものスケジュールを、プログラミングの学習、家庭教師、その他何であれ、子どもに「有利」になるかもしれない事柄でいっぱいにする。課外活動では、豊かな社会的活動がリストから削除され、大人による決まりごとが多くなりすぎるときに、問題が浮上する。思いやりの人間関係構築に必要なスキル（耳を傾け、意思疎通し、妥協し、交渉し、問題を解決するなど）など、成功と幸せへの本当の特典の獲得は、最小限の大人の監督のもと、顔と顔を合わせることで可能となる。

学習にしてもスポーツにしても、たくさんの決まりごとの中で長い時間過ごす子どもは、自由な遊びに取り組む時間が多かった子どもよりも、執行機能のスキル（企画、問題解決、決断のような広範に及ぶ重要な思考スキル）があまり使えないという。[8]

子どもにもっと自由な時間と社会的交流を保障すれば、子どもの幸せと共感の指標と共に、学習成果も上がるだろう。

休み時間の廃止

石けりやドッジボールや凍り鬼を、今の子どもはしたことがないかもしれない。アメリカの学校の四〇％は休み時間を廃止するか、テスト勉強の時間を捻出するために、廃止を検討中だという。しかし休み時間の廃止は、学習成果を高めるためには最も非効果的である。

アメリカの疾病管理予防センター（ＣＤＣ）によると、身体的活動はテストの得点や成績を上げるのに効果があり、子どもの集中力と教室での行動に良い影響を与える。[9] スタンフォード大学の研究は、休み時間が良質なものである場合、生徒がより熱心に物事に取り組み、安心して積極的な気持ちになると報告している。[10] ケネス・ギンスバーグがアメリカ小児科学会に書いた報告は、遊びが認知的成長と知能を促進するだけでなく、子どもの社会的スキルを高め、親子の結びつきを強めるという事実を挙げている。[11]

しかし、このような証拠にも関わらず、多くの学校は休み時間に大鉈を振るい続けている。

過熱する競争

親が子の成功を望むのは当然だが、みんなが勝者総取りの競技に向かえば、すべての子どもは敗者となる。結局、「私はあなたより優れている」という精神構造は、「私たち」と「あの人たち」の裂け目を広げるだけで、セルフィ症候群を増加させ、共感力を減少させる。そればかりか、「競争は成功にとって重要である」という信念は誤りだと、八〇以上の研究が示している。友だちと協力して学ぶ子は、競争して学ぶか個別に学ぶ子に比べて、成績もよく、自分に肯定感を持ち、人と仲良くできる。では、遊びと学業のバランスをどのようにとったらいいだろうか。幸いなことに、子どもだけでなく大人にも役立つ答えを、科学が持っている。

科学に聞く
チームワークを学ぶには

社会心理学は、思いやり、憎しみ、攻撃、偏見などの人間特有のテーマに取り組む。この分野の科学者は、テストや脳スキャンに依存するわけではなく、人間を直接観察する。彼らの発見は、共感力を培い、子どもが互いに協力し、思いやるような環境を作り出す最高の方法を示している。いじめが深刻な問題であり続け（アメリカの生徒の三人に一人は、学校でいじめられたことがあると言っている）、人種差別がはびこっているときに、科学者の答えは高い価値を持つ。

「あの人たち」から「私たち」への移行

五〇年以上も前に、トルコ人の社会心理学者ムザファー・シェリフは、どのようにして人々を「あの人たち」から「私たち」へと移行させるかを発見するための実験を行った。[12] 彼の実験への動機は、一二歳の時、ギリシャ兵がイツミルの住人を大量虐殺したことに端緒がある。ムザファーは殺される列にいたが、一人の兵士が彼の命を救った。シェリフはその後プリンストン大学やイエール大学の著名な教授になり、憎しみを減らすものは何かを発見することに生涯を捧げた。一九五四年六月に彼は有名な「ロバーズ・ケイブ実験」を行い、ついに答えを発見した。

シェリフは親の同意を得て、二二人の五年生を公園で行われる夏のキャンプに招いた。この計画では、参加するすべての男の子は年齢、出身環境、背景が似通っていて、「精神的に安定している」ことが条件だった。キャンプの前には、誰も知り合いではなかった。子どもたちは単に楽しい夏のキャンプに出掛けるのだと思っていた。男の子たちは二つのグループに分けられて、別々のバスで到着した。

第一週目、それぞれのグループはキャンプ場を探検し、チームの旗を作り、自分のグループの名前を選び（「鷲」と「ガラガラ蛇」）、強い「私たち」意識を形成した。それから二つのグループはテント設営、野球、鬼ごっこなどの競技で競った。片方のグループは意図的にもう一つのグループよりもいい食べ物や娯楽を与えられた。予想通りに、憎しみが二つのグループの間に生まれた。身体的な小競り合いが起こり、どちらの側も相手とは関わり合いたくないと思うまで、野次や、品のない悪口が飛び交った。

シェリフは「完璧な」研究条件を作り出したのだが、次に、研究者たちはその憎しみをどうするか考えなければならなかった。研究スタッフは競争を止め、表彰を与え、合同の映画会や食事会を多くした。しかし、しこりは残った。最後にシェリフはその壁を壊す秘密を発見した。「ガラガラ蛇」と「鷲」の両チームが、どちらにとっても快適な生活に関わるために協力しなくてはならない課題をカウンセラーたちは提示した。

最初は飲料水の危機だった。なぜか壊れた水道管を修理するために、喉が渇いた男の子たちは一緒に作業せざるをえなくなった。修理が終わると、両チーム一緒に喜び合った。次には、暑い日の丸一日にわたる長距離ハイキングの後で、キャンプ場のトラックが壊れた（これもスタッフによる意図的なものだった）。キャンプ場に戻る唯一の方法は、二つのグループが一緒にトラックを修理することだった。エンジンがかかったときには、一斉に歓声が上がった。憎しみは消えていった。男の子たちは「一緒に」過ごしたすばらしい時間の思い出に、キャンプの記念写真を一緒に撮ろうとさえ言った。シェリフは「ガラガラ蛇」と「鷲」が仲良くする方法を発見したのだった。「全員に関わる本物の差し迫った目標を達成するために、二つのグループが一緒に行動する時に、憎しみは道を譲る」とシェリフは説明した。[13]

共感力を活性化する鍵は、子どもが共通の関心の輪に引き入れられて、感情的経験を分け合うことである。競争的な環境で子どもを育てることは、憎しみを増すだけでなく、寛容と向社会的な態度を抑圧する。子どもに協力を促し、共感力を培い、学習成果を増すような雰囲気の作り方を発見するために、もう一人の社会心理学者にも聞いてみよう。

ジグソー法

エリオット・アロンソンはテキサス大学の社会心理学部長だった一九七一年に、オースティン市の副校長から一触即発の状況を打開するのを助けてほしいとの相談を受けた。史上初めて白人と黒人とヒスパニックの生徒が一緒の教室で学ぶという人種差別廃止政策に反発して暴動が起こり、憎しみに満ちた雰囲気が作り出されていた。アロンソンが開発した、「ジグソー法」は、人種間の摩擦と「私たち」対「あの人たち」の区別を減らすばかりでなく、辛い思いを抱えた子どもが互いへの思いやりを学ぶ効果があった。

アロンソンは四年生、五年生、六年生を人種が混じり合った小さなチームに分けて、ゲティスバーグの戦いのような歴史的出来事とか地球の軌道のような科学的法則について、チームが一緒に授業を受けるようにした。ジグソーパズルのように、生徒はそれぞれのテーマを構成する一項目を担当して学び、それをチームの仲間に教える責任が与えられた。成績がお互いの知識と貢献に依存するので、共同作業は不可欠だった。

最初、生徒は一緒に学習するのを嫌がった。しかし数週間共同作業をするうちに、お互いを好きになり始め、ついには、「あの人たち」が「私たち」になった。偏見は減り、異なる人種の生徒が休み時間に一緒に遊びさえした。シェリフのロバーズ・ケイブでの実験と同じく、アロンソンの方法は、共通の目標に向かって生徒に共同作業を要請するものだった。「子どもがグループで一日にたった一時間一緒に勉強するだけで、見かけが異なるという理由でなんの関係も持たなかった人々に対して共感を発達させる」とアロンソンは言う。

その後、何千という学校の教室でジグソー法が使われ、テストの成績の向上、欠席率の減少、学校がより好きになるなど、どこでも同様の成果が見られた。この方法はまた、チームワーク、決断力、意思疎通、感情抑制のような共同作業にとって重要なスキルを生徒が獲得するのも助ける。そして、もっと重要なものがこれらの教室に生まれたのだ。それは生徒たちの共感力の向上がはかられていたことである。

アロンソンが最も誇りにしているものに、以前にジグソー法を体験した男の子からの手紙がある。彼は五年生のクラスメートが自分を仲間外れにし、残酷で敵意のある扱い方をした思い出を語っていた。彼はメキシコ系で、とても訛りが強く、貧困地域に住み、いつも「あの人たち」の一人だった。しかしジグソー法の経験はすべてを変えた。生徒たちは彼の受け持ち部分に頼らなければならず、だんだんとカルロスを助けるようになった。「僕は思っていたほど頭が悪くないのだと分かり始めました。僕を嫌っていると考えていた子たちが僕の友達になりました」と彼は手紙に書いていた。彼のストレスは消えていき、自信がついて成績は上がった。「今日、僕はハーバード大学法科大学院への入学許可証を受け取りました」とカルロスはアロンソンに書いてきたのだった。[14]

互いに知り合うことが「あの人たち」を「私たち」に、「私」を「私たち」に変える第一歩である。ほかの人と経験を共有すればするほど、子どもは自分を相手と重ねるようになり、無関心や敵意が消えて行き、共感が生まれる余地が生まれる。

「あのニキビだらけで背が低くて太った子は、実はいい子なのだと何回も繰り返し言ったとしても、その子がグループの中にいて、実は心が温かくて、おもしろくて、賢いのだと肌で知ることの代わりにはならない」とアロンソンは言う。

シェリフとアロンソンは、子どもがほかの人の気持ちや必要を理解することを学べるのは、このような共同経験の中であると示した。素晴らしいことに、この発見を家庭や学校や地域社会で組み入れ、子どもの生活を豊かにする多くの方法がある。

協力の精神を培う方法

学校が協力の精神や共感力を推進する多くの方法のうち、最も感動的な方法の一つとして、首都ワシントンのモーリー小学校の実践を挙げよう。そこではひと月に一度、全校朝礼が行われる。キャロライン・アルバート＝ガーヴェイ校長は、学校の講堂に三三〇人の小学生が大きな円になって座る中で朝礼を行う。朝の挨拶をし、学校での良い出来事を報告し、生徒の「共感リーダー」を褒め、互いに励まし合い、社会的スキルを磨く。[15] この共同経験が、モーリー校の生徒たちに自分は思いやりを学ぶ共同体の一員だと感じさせるのに役立っている。アルバート＝ガーヴェイ校長は、社会科学者が共感力を推進するのに効果的と認めるような環境を作り出している。

私が小学校の教師をしていた頃は、「朝の会」で、自分の隣の人に何か優しい言葉を言うことから一日を始めたものだ。それからその日の時間割について話し、最後に何か特別なニュースや心配ごとを報告した。私は「朝の会」で、生徒同士がつながりを感じ、互いの必要に気づき、意思疎通、視点変換、問題解決などのスキルを学ぶ場所を作りたいと思っていた。

ある日、私は予期しない光景を目にすることで、「朝の会」がどれほど力強いものであるかを思い知ることになった。私のクラスの子どもが輪になって座り、熱心に話し合っていた。一人の子が泣いていて、ほかの子たちが彼女を慰めていた。クリスティーは休み時間にいじめられて、生徒たちは彼女を助けるために緊急会合を招集したのだった。

子どもたちが共感し合い、深刻な事柄を話し合い、敬意を持って話を聞き、クラスメートの問題を解決するために一緒に苦労しているのを私は見守った。彼らは休み時間には、順番に彼女と一緒に過ごして、彼女が一人にならないようにすると決めた。それは、私の教師生活の中で最も誇りに思う瞬間の一つだった。私が行なってきた「朝の会」が「私たち」という気持ちを作り出し、それが生徒にクラスメートを助けることへと動かしたのだ。

家族の集まり、クラスの集会、全校集会などは、愛情に満ちた環境で、問題を話し合いながら互いに支え合い、異なる視点を理解する素晴らしい方法である。集会はまた、よく聞き、励まし合い、協力し合い、視点を広げ、良い質問をするなどの、重要な社会的・感情的なスキルを磨く場でもある。このような習慣を獲得するには実践が必要である——近道はない。家庭であろうと学校であろうと、これらを実践する場を子どもに提供するのは、私たちの責任である。

効果的な集会を行なうための八項目

1．**議題に柔軟に対応しよう。** 話題はいくらでもある。先週の出来事、翌週の計画、デジタル機器の使用時間、お小遣い、兄弟げんか、家庭やクラスでの素晴らしい行為、心配事など。提案箱を用意し、問題が起これば、次の協議事項に含められるようにする。何か不平を聞いたら、「次の集会で話し合おう」と言えばいいだけである。

2．**定期的に集会を開こう。** ほとんどの家庭や先生は、週に一度、一〇分から三〇分程度の集会を開いている。全員に都合がいい時間を見つけ、予定を知らせ、出席は義務とする。

3．**役割を交代制にしよう。** 子どもが積極的に参加できるように、役割を週ごとの交代制にするといい。話が議題から逸れないようにする議長、タイムキーパー、決まりが守られるように見守る運営係、会合の予定を掲示する企画係、書記など。議事録を作れば、素晴らしい思い出にもなる。

4．**発言しやすい会にしよう。** 一人ひとりの意見は平等で、意見を言う時間が与えられ、一方的な批評はしないと決める。お互いの気持ちや要求を理解するために、「私」を主語にした言い方を使うといい。「……だと、私は悲しく感じる」とか「……で、私は困りました」など。それから、聞いたことを自分の言葉で言い換えることを子どもに教えるといい。「あなたは……と思っているのですね」「あなたは……と言ったのだと思いましたが」など。

5．褒め言葉をかけよう。ある家庭では、集まりの初めに、その週にした家族の努力を褒めたり、順番に褒め言葉をかけたりすることにしている。子どもがどうすればいいか分かるまで、決まった言い方にするといい。「あなたが……してくれたので、ほんとうにうれしかった」「今週は……して、とても素晴らしかったね」「……してくれてありがとう」など。

6．決定をしよう。解決策を決定するためには、合意に到らなければならない。一つの決定に全員が合意するまで（少なくとも、反対意見があってもいいと合意して）、誰でも発言できるようにするといい。決定事項は、少なくとも次の集まりまで守られなければならないが、次の集まりで変更もできる。

7．公平に問題を解決しよう。問題の解決策を洗い出そう。問題を取り上げ、すべてのアイデアを書き出し、もうこれ以上出なくなるまで、アイデアを出し続けることである。それぞれのアイデアのいい点と悪い点を話し合い、一人ひとりに発言の機会を与える。それから全員の役に立つような解決法に決定する。

8．楽しい集まりにしよう。その週の面白かったことや良かったことをシェアするといい。楽しいコメントで終わりにし、クッキーを食べたり、ゲームをしたり、みんなでハグし合ったりしよう。

共感力アップ―その7

問題を協力して解決するために、自分の立場を表明する

誰もが満足できるように、協力して問題にあたることが大切である。共同作業は、一緒に課題を克服することを通して、共感力を増大させる。次の五つのステップを使い、子どもがほかの人の気持ちと必要を考慮しながら、対立を平和的に解決するスキルを学ぶのを助けるといい。子どもが五つのスキルを統合して「自分の立場を表明する」ことが出来るようになるまで、一つずつ実践する。

ステップ1●立ち止まり、見て、気持ちに耳を傾ける

問題解決の最初のステップは、落ち着くことである。気持ちを落ち着かせてから、なぜ気持ちが動揺しているのかを考え、その問題に着手する。「ゆっくりと深呼吸をするか、落ち着くまでその場を離れよう」「自分に問いかけよう。私はどんな気持ち?」「あの人に寄り添おう。あの人はどんな様子かな?」

ステップ2●順番に話す

三つのルールに従って、問題についての自分の気持ちを順番に話す。

①敬意を持って話を聞く。

②ひとが話しているときに割り込まない。

③「相手の靴を履いて」考える努力をする。

気持ちを述べるときに、「あなたが」ではなく「私が」を使うと、相手を悪者扱いにしないで問題に焦点をあてられる。

それから相手が言ったことを自分の言葉に置き換えてみる。

ステップ3●いろいろな解決策をリストにする

公平な解決策を見つけるために選択肢を洗い出そう。たとえば小さい子や集中力が短い子には料理用のタイマーを使って、二〜三分にセットすればうまくいくだろう。また子どもの年齢や問題解決スキルによって、洗い出しの時間を延ばしていこう。

ステップ4●選択肢を狭める

安全でなかったり、誰かにとって不愉快だったり、無理だったり、家や学校の決まりに反するものなどを除いていき、二〜三の選択肢まで数を減らす。

ステップ5●一番いい選択肢に決める

次に、残った選択肢の中から全員が賛成する一番いいものを選ぶ。一度決定したら、握手をして合意を守ることだ。

「あの人たち」ではなく「私たち」と考えるのを助ける方法

ドクター・スースの『The Sneetches』はお腹に星がついているかどうかの違いがあるだけでほかの部分はまったく同じという、鳥みたいな生き物のお話である。この小さな星が「あの人たち」と「私たち」の区別を作り出す。お腹に星があるスニーチは自己中心的である。自分たちは優れていると思い、いつも自慢し、お腹に何もついていないスニーチを軽蔑する。お腹に何もついていないスニーチは星がついている相手から仲間外れにされるので、落ち込む。けれども最後に両者は、星がついていてもいなくても同じだと気づく。この物語は理想的な共感力の授業だ。見かけの違いで私たちを区別してはならない。結局のところ、私たちはみんな「私たち」なのだから。

1.「私たち」と言おう。 自己没入は共感力を減少させる。だから、子どもに話しかけるときに、自分の使う代名詞を（適切な時を見計らって）「あの人たち」から「私たち」へ、「私」から「私たち」へと取り換えてみよう。「私たちはどうすればいいかしら?」「私たちにとってどちらがいいかしら?」わずかな代名詞の変化で、人生は「私」ではなくて「私たち」を中心に回っていると、子どもに認識させることができる。

2. 視野を広げよう。 学校でも、放課後でも、夏のキャンプでも、異なる人種、文化、年齢、性別、能力、信仰の人々に触れるように子どもを促そう。あなた自身も多様性に心を開いていることを示し、違いのある人々にあなたがどれほど敬意を抱いているか、子どもの模範となるようにするといい。

3. 似ているところを探そう。 ほかの人との違いではなく、共通点を探すように手助けしよう。子どもが「あの人たちの肌は黒い」と言えば「でもあの人たちも私たちと同じ教会に行っているし、あなたと同じようにギターも弾くのよ」と答える。子どもが「あの人たちは違う」と言えば、「あなたもほかの人とは違うところがたくさんあるわ。だから、あの人たちと似ているところを考えましょう。両方ともサッカーをするよね。その他には?」と答える。

4. 「私と似ている」を強調しよう。 上に述べたやり方を広げて、子どもがほかの人と共通に持つ、怖れ、夢、感情、心配、喜びを考えられるように助けよう。「そうね、あの子は外国の出身ね。だけど仲間外れにされたら、どんな気持ちかしら？」「そうね、あの子は違う言葉を話すわね。だけどあの子もあなたと同じように、何か心配事があると思わない？」ほかの人についての子どもの視野を広げ続けて、子どもが違いよりも共通点を多く意識できるように助けるといい。

5.「事実チェック」を教えよう。共感力を壊すステレオタイプ的思考を止めるために、「あの人たちは絶対に……しない」とか「あの人たちはいつも……」など、人々が述べるひどく断定的な発言に注意を向けるように子どもを助けるといい。「あの人たち」対「私たち」の区別は、これらの発言に続いて強化されることが多い。だからもし家族の誰かがそのような断定的な発言をしたら、ほかの誰かが「事実チェック！」と言えばいい。子どもが「アジア系の子どもはいつもいい成績だ」と言えば、親が「事実チェック！　それはすべてのアジア系の子どもに当てはまるの？」と問いただす。子どもが「おじいちゃんの友達はみんな耳が遠い」と言えば、姉が「事実チェック！　お年寄りでも多くの人はちゃんと聞こえるのよ」と応じる。子どもが「女の子はいいリーダーになれない」と言えば、パパは「事実チェック！　生徒会役員をしている女の子の名前を挙げてみよう」と応じる。

アメリカの中学・高校生約二万人についての最近の研究では、女子が役員の場合、生徒会により大きな執行権を与えることを生徒が支持する可能性が低く、男子が役員の場合には、大きな権限を与えることを支持する可能性が高い。女子のリーダーとしての能力は、生徒の偏見によって侵害される。今こそ、生徒が（私たちも）事実チェックをすべき時である![16]

6．多様な文学作品を使おう。二〇一二年に発行された児童書の内で八％以下しか有色人種を取り扱っていない。それなので、すべての文化、年齢、能力、性別についての肯定的イメージを表現する文学に子どもを触れさせるといい。

低学年の子ども向けには、アレン・セイ（日本人）の『おじいさんの旅』（大島英美、ほるぷ出版、二〇〇二年）、ポール・ゴーブル（先住アメリカ人）の『野うまになったむすめ』（神宮輝夫訳、ほるぷ出版、一九八〇年）がある。

高学年向けには、ローザ・パークス（アフリカ系アメリカ人）の『ローザ・パークスの青春対話』（高橋朋子訳、潮出版、一九九八年）、ヨシコ・ウチダ（日系アメリカ人）の『荒野に追われた人々――戦時下日系米人の家族記録』（波多野和夫訳、岩波書店、一九八五年）、エリー・ヴィーゼル（ユダヤ人）の『夜』（村上光彦訳、みすず書房、二〇一〇年）がある。

●年齢別の方策

我が家の一番下の息子が八年生だったとき、社会科のジョー・アン・ジル先生がConstitutional Rights Foundation〔訳注：憲法教育を推進するＮＰＯ〕の主催する「歴史の日（National History Day）」

という企画への参加を宿題にした。世界中から六〇万人以上の生徒が個人やチームで毎年競うのだが、それは歴史的に意義のあるテーマについて広範な研究を必要とする。

私の息子ザックと二人のチームメートは日系アメリカ人の強制収容所に強い関心を持った。フランクリン・D・ローズベルト大統領は、真珠湾攻撃の後、アメリカに住む一二万以上の日系人の強制収容を命じた。「ほとんどの人たちはアメリカ国民なのに、どうして同じ国民に対してそんなことができるのだろう?」と子どもたちは言った。こうして三人は、答えを見つけることを目標にした。

彼らは子どものときに強制収容された女性を見つけ、インタビューすることにした。私は、その女性チェリー・石松さんが、何も知らない一三歳の白人の子どもに、どれほど忍耐強く自分の経験を語ったかをまだ覚えている。子どもたちが彼女の歴史を理解するのを助けるために、彼女は視点変換の力を使った。それは強力な効果があった。

「もしあなたがスーツケース一つに必要な物を詰め込むだけの時間を与えられた後すぐに、鉄条網で囲まれた収容所に連れていかれるとしたら、どんな気持ちになると思いますか? あなたのパパやママが家も仕事も農場も失うとしたら、どう思いますか? 武装した警備兵が、四六時中見張っていて、逃げようとすれば撃っていいと命令を受けているとしたら、どんな気持ちがするか想像できますか?」と、彼女は尋ねた。

子どもたちは、その体験をした人の目を通して、差別の影響を理解した。二時間後に、子どもたちは、心からチェリーさんにお礼を言った。

それから、息子たちの冒険が始まった。彼らはアロンソンのジグソー法のように、調査を分担したが、それは共通の目標で結ばれていた。目標は、日系アメリカ人の強制収容の話を他の人に語るということだった。彼らは調査を進め、さらに元収容者をインタビューしたが、学べば学ぶほど、憤慨するようになった。

その時点で、彼らの父親たちが「その出来事を追体験」するのを助けようと決心し、五時間かけてマンザナー強制収容所（チェリーが収容された場所）に車で連れて行き、そこに宿泊した。子どもたちはかつて何年も前に警備兵が立っていた場所を見、収容者が入れられた建物のセメントの床を歩き回り、心細さを感じとり、（一晩だけだったけれど）収容者がなぜ寂しく思い、苦しみ、恐れたと言ったかをつかんだ。子どもたちはチェリーさんの苦しみを感じとった。まるで、この子どもたちの心に炎が灯ったかのようで、その炎は決して消え去ることはないように思えた。子どもたちの学校の宿題は、「自分の友人たち」が不当に扱われたことを世界に知らせようという、個人的な聖戦になった。

このチームは学校、学区、そして郡の大会を勝ち抜き、カリフォルニア州で一位になった。息子たちは、歴史の勉強以上のものを得た。彼らは共同作業と思いやり、さらに不正と人種差別についても学んだ。子どもたちだけではなかった。語りを通して歴史を共有することは、共感力の鍵を開く強力な道具だということを、私も学んだ。

破壊的な偏見を消し去る最善の道は、違いに触れさせ、「あの人たち」が「私たち」になるまで壁を壊す体験をすることだと、私は確信している。

方策	内容	年齢
活動を一つ削ろう	子どものカレンダーをチェックして、仲間と触れ合い、共同作業をする時間を作るために、削ることができる予定がないか考えよう。	すべての年齢
毎日、新しいことを一つ学ぼう	毎日誰かについて何か一つ新しいことを学ぶように促すといい。この習慣は、深く聞き取り、質問し、相手に焦点を置き、自分自身にあてる焦点を減らすことを子どもに要求する。友達に次のような話題について話しかけてみる。①好きなもの（食べ物、スポーツ、映画、テレビ番組、本、場所など）②人間関係（好きな先生、コーチ、友達、共通の知り合い）③趣味（関心、スポーツ、楽器）。友人関係ができてきたら、その人の希望、夢、心配、意見、個人的課題、思い出など、もっと深い質問をすることもできる。家庭で夕食のときなどに、友達についての新しい発見をシェアする。	小学生以上

勝つことではなく、仲間意識を褒めよう	子どもの成功を祝うときも、同情心、チームワーク、ほかの人を励ますなどの行為を褒めるのを忘れないことだ。また、競争心が強すぎると、他の人を遠ざけると説明するといい。「あなたは勝ったけれど、あなたが審判の判定のたびに文句を言ったのを、チームメートはどう思ったかしら？」	すべての年齢
子どもの奉仕グループを始めよう	友達同士、隣り近所、学校、ボーイスカウトやガールスカウト、信仰の仲間、地域の組織で、「思いやりクラブ」を結成するように促したらどうだろうか。世界に足跡を残す方法を一緒に洗い出してみるといい——ホームレスの子どものためにおもちゃを集める、老人ホームのためにお菓子を焼く、小児病棟に入院している子どもの文通相手になる、軍務についている人に思いやりの小包みを作るなど。それから自分たちが情熱をかけられる行動を選ぶ。	幼児、小学生
自分とは異なる人々と混ざり合おう	「混ざり合いランチの日」は、「寛容促進の会（Teaching Tolerance）」が立ち上げた全国運動である。年に一日、自分の慣れている輪から出て、昼食時に誰か新しい人とつながりを持つという運動である〔訳注：アメリカの学校の昼食は、教室で一斉に食べるのではなく、食堂の好きな場所で食べることが多い〕。これ	すべての年齢

	を毎月ないし毎週の定期的なイベントにしている学校では、生徒の友達関係が多様になり、いじめを減らすのに役立っている。子どもがいろいろな場面で「混ざり合う」方法を探し、視野が広がるようにしよう。	
隣り近所で映画会を開催しよう	映画は共感力を高める素晴らしい教材である。隣り近所の庭で夏の「星空映画会」を開催している人たちもいる。低学年向きには「アメリカ物語」「ファインディング・ニモ」「皇帝ペンギン」がある。高学年向きには「グローリー」「タイタンズを忘れない」。	幼児、小学生
共同作業の必要なゲームをしよう	競争ではなく共同作業を強調する、チームワークが必要なゲームを子どもや友達に教えよう。	すべての年齢
ほかの人を励ますことを強調しよう	子どもがほかの人を支え、協力し合うことが促進されるように、励ましの言葉を教えよう。「いいぞ！」「がんばれ！」「すごいぞ！」。	すべての年齢
物事の決め方と仲裁の仕方を教えよう	ジャンケンのやり方を教えて、「誰が先？」「何をして遊ぼうか？」と決めたり、協力を妨げることになりそうな事柄を解決するのに使うといい。三回ジャンケンして、二回勝った人の考えを採用するというのでもいい。	すべての年齢

敬意のある不賛成の仕方を練習しよう	意見の相違はつきものだが、敬意を持って不賛成を表明するやり方を教えよう。次のように説明するといい。「不賛成でもいいのです。不賛成だったら、落ち着いて自分の意見を言いなさい。こんな言い方をしてごらんなさい。『私は……だから、賛成できません』『それは一つの考えだけれど、ほかに……という考えもあるよ。』このようにして、全員の意見を聞くことです。自分の意見を変えてもいいし、変えなくてもいいです。でも、いつも敬意を忘れないことです。」	すべての年齢
家庭行事を企画しよう	ピクニック、奉仕活動、旅行、大掃除などを企画して、家族で協力する機会を見つけよう。家庭でガレージ・セールをするなど、準備のステップを踏んで、共同作業の過程を子どもが体験できるようにしよう。	すべての年齢

第Ⅲ部

共感力に生きる

思想の種を蒔き、行動を収穫する。
行動の種を蒔き、習慣を収穫する。
習慣の種を蒔き、性格を収穫する。
性格の種を蒔き、未来を収穫する。

——チャールズ・リード

第8章

共感力のある子は断固たる態度をとる

——道徳的な勇気を高めるには——

アメリカ中の親はいじめ問題の解決を望み、全五〇州でいじめ防止政策が採られている。あらゆる年齢層向けの何百といういじめ防止マニュアルが出回っている。しかし、私たちは、「傍観者の共感力を起動させ、互いに思いやるようにする」という、最も効果的な方策を見過ごしているかもしれない。いじめを見かけた子どもたちが被害者のために立ち上がるときに、いじめは劇的に減る。これが、共感力構築のための次の段階である。第Ⅰ部で、私たちは子どもの共感力の発達を手助けする方法を学んだ。第Ⅱ部で、私たちは共感を実践する方法を学んだ。第Ⅲ部では、日々の生活の中で子どもが共感をもって行動できるように支援するための方法を学ぶ。

あるテレビ番組が、傍観者に関する実験を放映するので手伝ってほしいと申し入れてきた。NBCニュースのアンカーのケイト・スノウがライブ放送の担当者になり、私は子育ての専門家として出演することになった。まず、いじめ役、いじめられ役、とりまき役の子役が雇われた。プロデューサーは「一〇代の子のリアリティ・ショー」と銘打って偽の募集要項を送り、何十人もの中学生が有名になるチャンスだと信じて集まった（付き添いの親はスタジオに着いてから初めて本当の目的を告げられた）。

この実験は、各グループ六人の子どもで行われた。そのうちの三人は雇われた子役で、三つの役割を演じた――いじめ役、いじめられ役、とりまき役。そして何も知らない三人の中学生は、雇われた子役と一緒の部屋で自分の「オーディション」の順番が来るのを（親の付き添い無しで）待っていた。それから合図で、隠しカメラが回され、子役が数分間それぞれの役を演じた。「いじめ役」が「いじめられ役」を痛めつけ、「とりまき役」が「いじめ役」をはやし立て、「いじめられ役」は次第に辛そうになった。ずっとカメラは回ったが、一人の子も助けに入らなかった。

そして、「オーディション」に来た最後のグループが中に入った。すると一人の父親が自分の心配を話し始めた。「困っている人がいたら助けてあげることを期待していると、私はいつもルーシーに言い聞かせています。ルーシーがいじめを止めに入ってくれることを願っています。これは私たちの家族にとって、重要なことなのです」と私に言った。

これが自分の子どもに対する道徳的期待を声にした初めての親だった。ほとんどの親は「オーディションを勝ち取ること」が最も重要なので、自分の子どもは介入しないだろうと、私に話した。

それからカメラが回り、子役たちが「いじめ」を演じた。しかし今回は何かが違っていた。一人の女の子が最初から「いじめ役」のおふざけを承認しなかった。彼女はほかの子どもたちよりずっと「いじめられ役」に気持ちが寄り添っていて、あざけりが激しくなると——そのように子役は指示されていた——彼女は近寄って、いじめられている男の子をかばい、ほかの子たちにも止めに入るように言った。ほかの子たちが行動しないのを知り、彼女は二人の子役の気を逸らすために、その間に割り込んだ。また「いじめられ役」が辛い思いをしている様子を見て、彼女は警告モードに入った。たった三分の間だったが、彼女はもう我慢できなかった。その男の子の苦しみは彼女の苦しみだった。彼女は「いじめ役」に「やめて」とはっきり言い、その行動は「カッコ悪い」と告げた。それから彼女は「いじめられ役」を慰めた。その間中、彼女は落ち着いて、堂々としていた。その勇敢な子が、ルーシーだった。

彼女の父親は有頂天で、「あの子は止めに入った！　なんて素晴らしい子だ！　止めに入ったぞ！」と叫んだ。

撮影室にいたプロデューサーは喜び、カメラマンは涙をぬぐい、私たちは圧倒されて立ち上った。道徳的勇気のある子を目の前にしたのだった。それから最後に、ケイト・スノウが子どもたちにいじめは全部演技だったと説明した。ルーシーは泣き崩れた。

「嘘でよかったわ。本当に可哀想で、我慢できなかったの」と、ルーシーはすすり泣いた。大人はみんな、他の子が誰も助けに入らなかったのに、この子はどうして介入したのかと思った。

「皆さんは共感の力を見たのです」と私は話した。

道徳的な勇気が彼女の共感を行動へと後押しした。この子は、声を上げずにはいられなかったのだ。なぜなら、彼女はその男の子の苦しみを感じたからだ。

道徳的勇気を実行する

道徳的勇気とは、共感の促しに従って行動し、いかなる結果になろうともほかの人を助ける、ある特別な心の強さである。それは簡単なことではない。時にはリスクも伴うし、ほかの子の目には「カッコいい」とは映らない。しかし勇気ある子は、断固として、正義と思いやりのために立ち向かう。

私たちが子どもに道徳的勇気をもってほしいと願う理由をいくつかあげよう。勇敢な子は、仲間からの否定的なプレッシャーをはねのけるし、自分の家庭の価値観に反するような誘惑にはノーと言い、正しいことのために闘う。道徳的勇気はまた、実り多い人生と幸せをもたらし「共感力の特典」を子どもに与えるという驚くべき役割をする。それは子どもの忍耐力、自信、意志の力と共に、学習や成績や学校での取り組みを向上させ、リスクを引き受ける力と創造力を強くする。[1]

本章では、私たちの複雑で不安定な世界で、子どもが特に必要とする道徳的な勇気を扱う。貪欲、自己中心性、誠実さの低下がはびこる文化において、私たちには子どもを勇気ある人に育てる義務がある。道徳的な勇気のある子は称賛や報償を期待せず、道徳的信念と思いやりに基づいて行動する、静かで、自己宣伝もしない英雄である。世界はどれほどこのような子どもを必要としていることか。

立ち向かうのが難しい理由

いじめを目撃した者の役割について新たに分かったことが、いじめの止め方に大きな変化をもたらすことになった。いじめられている仲間のために傍観者が踏み込むときに、いじめは五七％以上の割合で、それも一〇秒以内に止まる。[2] それにも関わらず、介入するのは傍観者のたった一九％だけである。[3]

なぜ、彼らは関わろうとしないのか？　その答えを見つけるために、私は世界中のあらゆる地域で五〇〇人以上の子どもにインタビューした。いじめの問題はどこの国の子どもにも関係する。また、介入しない理由は、地域、文化、個人的背景に関わらず、似通っている。

無力感

「どうやって止めさせたらいいか、分からなかった。」ほとんどの子どもは止めに入りたいが「どうすればいいか、誰も教えてくれない」と言う。無力感や介入経験のなさが子どもの勇気を抑え込む。しかし、対応の仕方を学べばそれを乗り越えることができる。子どもの八五％がいじめを目撃しているが、それはたいていの場合、大人が傍にいない時である。私たちは介入の仕方を教えなければならない。

何をすべきか、はっきりしない

「助けるべきかどうか、確信がなかった。」子どもは状況をさらに悪化させたくないし、恥をかきたくないし、自分や周りの人を巻き込みたくないと思うものだ。しかし、もし自分に何が期待されているのかをはっきりと知り、大人も支援してくれることや、いじめとは何かが分かれば、子どもはもっと助けに入ることだろう。いじめがどういうものかを教えよう。

・いじめは繰り返し行われる**残酷な**仕打ちである。
・いじめは偶然発生するのではない。いじめっ子は、言葉で、感情で、身体で、苦痛を**意図的に**与える。
・いじめは**力関係**である。いじめのターゲットにされた者は、自分を守ることができず、助けを必要とする。

仲間からのプレッシャー

「私は告げ口をしたくないし、友達を失いたくない。」子どもの生活で友達は大きな部分を占めるので、子ども社会での地位を失うことは子どもにとって大きな心配の種である。

責任感の分散

「誰かほかの人が助けるだろう。」傍観者は、誰かがするだろうと期待するので、ほかの人がそこにいると介入することが少なく、それが手遅れを招くことになる（後述「科学に聞く」の「傍観者効果」参照）。

過度な共感反応

「あまりにも可哀想で、助けられなかった。」いじめ行為がいじめられる人に深刻な感情的損傷を与えることは疑いないが、また、それを見る人も深刻な心理的・身体的なストレスに苦しむものである[4]。

大人の支援が足りない

「ママは私の言うことを信じてくれない。」多くの子は、「信じてくれない」という理由で、大人に話さない。また「先生が大したことじゃないと言った」と、大人がその深刻さを軽く扱うと言う子もいる。誰かに言えば、事態がもっと悪化し、今度は自分が標的にされることや仕返しを心配している子もいる。

助けに入る子と入らない子がいるのは、なぜか

「助けに入るリスクを冒す子もあれば、立ち去る子もあるのは、なぜか。」この問いに、私は夜も眠れないほど心を悩ませた。私は共感の欠如が人間性の暗部への触媒となることを直接目にした。ルワンダの大量虐殺を調査し、アウシュヴィッツとダッハウの強制収容所も訪れた。アパルトヘイトの時代に白人が黒人の存在に目を閉ざした場所である、ケープタウンのブラインド・ストリート(「盲目の道」)も見た。立ち去る人は確かにいる。

私は共感の対極を見、共感力と道徳的勇気が干からびれば、子どもたちの未来にとって何が危機にさらされるのかを知った。何が人間性を解放し、何が人間性を束縛するかについての現代の科学的知見は、次の世代を養育するために決定的に重要である。

助けに入らないのは、なぜか？

心理学者のジョン・ダーリーとビブ・ラタンは、まさにこの問いについて、有名な社会心理学の

実験を行った。二人は何も知らされていない数十人の被験者を、偽の緊急事態の起きている地下鉄、ホテルの部屋、街角、そして実験室に置き、彼らが助けに入るのにどれほどの時間がかかるかを見守った。時によっては、被験者は助けを必要とするフリをしている「研究員」と二人きりになった。またある時には、被験者はほかの人たちと一緒だった。

ある場合には、何も知らない被験者がアンケートに答えているときに煙が部屋に入ってきた。別な場合には、研究員は命にかかわるほどの発作を起こしているように見え、助けを求めた。また別の場合には、足を怪我して苦しんでいる女性のうめき声を、被験者は聞いた。誰が助けに入るか？

傍観者効果

ダーリーとラタンは、共感力は状況に縛られることを発見した。一つは「責任感の分散」と呼ばれる。「緊急事態」を見ている人が多いほど、そこにいる人は介入する責任を感じることが少なく、助けに入るのも遅い。[5] 誰かほかの人が助けるだろうと考えて介入しない。もし被害者が友達だったら、社会的力学は変わり、九五％の人が最初の三分以内に介入する。緊急事態以前に、少しでも「被害者」に出会っていれば、助けに入るのが早くなる。

傍観者はまた、起こっている事柄を間違って解釈したり、ほかの人は起こっている事柄を承認していると誤った想定をしたりする（「集団的無知」と呼ばれる現象）。傍観者は状況の深刻さを否定したり、手を出すことで事態をより一層悪くするのではないかと恐れる。しかし介入しなかった人でさえも、心底から心配して緊張し、震えだすことも多い。被害者の苦しみに対して共感が呼び起こされるのだが、何をすべきか分からず、助けに入れないからだ。

ダーリーはまた心理学者ダニエル・バトソンと一緒に別な実験もした。この実験では、神学校の学生が募集され、チャペルに歩いていって「善きサマリア人」〔訳注：強盗に襲われた旅人とそれを助けたサマリア人についてのイエス・キリストのたとえ話—ルカによる福音書10：25〕について話すように言われた。チャペルに行く途中で、彼らは一人の男が倒れて助けを求め呻いているのに出くわした。それらの神学生がこの状況に応えるかどうかは、主に、話の時間に遅れるかどうかにかかっていた——利他的愛についての話をしようとしているにもかかわらず![6] 時間が十分にあると考えた三分の二の学生は助けに入ったが、遅れると考えた学生の中では一〇%だけが助けに入った。

子どもたちは時折、遅刻したくないから助けに入らないと言う。それなので、遅刻しないことよりも、誰かを助けることのほうがいつでも重要だとはっきりさせる必要がある。また、人助けのために遅刻して罰を与えられたら、あなたは子どもをかばうということもはっきりさせるといい。

傍観者効果は子どもにも影響する

傍観者効果は大人だけではなく、幼い子どもにも影響を与えると分かっている。ドイツのマックス・プランク研究所の研究者は、実験のために六〇人の五歳児を集めた。一部屋に三人の子どもを入れ、その中の二人は研究のためだと知っていて、すべきことを指示されていた。もう一人が被験者だった。子どもたちは塗り絵をするのだと思っていた。すると一人の女性実験員が「偶然に」机の上に水をこぼしてしまい、水の流れをせき止めようとした。そばにすぐ使えるように置いてあるペーパータオルをちらと見ながら「なにか拭く物がいるわ」と彼女が言った。女性がもう少し困った様子を見せ、それでも子どもが助けてくれないと、「誰かそこのペーパータオルを渡してくれる？」と頼んだ。

あなたは、自分の子どもならどのように反応すると思うだろうか？　実験者は、恥ずかしさが助けに入らない要因となっている可能性はないと考えたことを心に留めよう。その研究では、ほかの子どもがその場にいるときには、五歳児は助けに入らない場合が多い。[7] 責任感の分散の影響は幼い子どもにもある。

なぜ勇敢な子もいるのか

『The Psychology of Good and Evil』の著者アービン・スタウブは何十年も、ある者は人を傷つけ、ある者は人を助けるのはなぜかについて、広範な研究を行っている。彼の研究は、子どもの英雄的行為の落ち込みという憂うべき傾向を示し、警鐘を鳴らす。

スタウブの実験の一つでは、ある若い女性が学校で二人の子どもと遊ぶことになる。それから彼女はちょっとのあいだ部屋の外に行くと子どもに話し、出て行き、ドアを閉める。次にその二人の子どもは、ぶつかり合う大きな音に続いて、隣の遊戯室からと思われる一人の子どもの泣き声を聞く。

ほとんどの場合、少なくとも一人の五歳児が隣の部屋に走って助けに行き、二年生では、九〇％の子どもが助けに行く。しかしその後、子どもの勇気は萎え始める。四年生になると、四〇％が助け、六年生では子どもの泣き声に応えるのはほんの三〇％となる。[8]「勇気の落ち込み」と闘うためには、ほかの人を助ける社会的責任を果たし、小さい頃から心の中の英雄を強くするようにと子どもを励まし続けなければならないと、スタウブは断固主張する。このアドバイスはまた、共感の空白を減少させることにも当てはまり、子どもが思いやりの促しに従ってもっと行動する姿にもつながる。

スタウブはまた、幼稚園児と一年生を組み合わせると、ほかの人の苦しみにもっと反応しやすいということを発見した。低学年の子どもは互いに自分たちの心配を共有する（「僕は怖かったな。君は？」「助けたほうがいいと思う？」）。友だちと話すことは子どもを落ち着かせ、助ける気持ちにさせる。ティーンは恐れの感情を自分の中に止めがちで、介入することが少ない。それなので、困った状況にあるときには、自分の心配を友達に話すようにと、子どもを促すといい。

道徳的勇気を培う方法

母親ケリー・リオンズと五歳の息子ロッキーは、友達の家から車で帰るところだった。[9] ロッキーは眠っていて、ケリーは二車線の、カーブの多いアラバマの田舎道を運転していた。その時、運転していた車が道路のくぼみを通ったはずみで、二〇フィート〔約六メートル〕の崖を転がり落ちた。ロッキーは奇跡的に怪我もせず、ケリーは重傷を負い、車のドアで身動きが取れなくなっていた。

車に火が付くことを恐れ、ケリーは息子に安全な場所に走り去るようにと言った。息子は母親の言う通りに崖を登り始めたが、途中で止めて、母親を助けるために戻った。ケリーは意識を失いつつあった。しかしロッキーは力をふりしぼって、なんとか母親を潰れた車から引きずり出し、急な傾斜でわずかずつ母親を引っぱり上げ始めた。痛みがあまりに激しいので彼女は諦めようとしたが、ロッキーは耳を貸さず、母親を離れることはなかった。

母親があきらめないように力づけるために、ロッキーは自分のお気に入りの本『ちびっこきかんしゃだいじょうぶ』（ワッティー・パイパー著、ふしみみさを訳、ヴィレッジブックス、二〇〇七年）の、険しい山を登る小さな機関車のことを思い起こさせた。ロッキーはお話に出てくるフレーズを自分流に変えて「だいじょうぶ、だいじょうぶ、ママはだいじょうぶ」と繰り返し、険しい斜面をよじ登るあいだ中、母親を励ますのを止めなかった。

ついに上に登り着いたとき、ロッキーは車を呼び止め、病院へ連れて行ってくれるように頼んだ。ケリーの怪我はこれまで見た中でも最悪の部類だと医者は言った。そして、母親の命を救おうとするこの幼い子どもの「だいじょうぶ」の魂を褒めた。ロッキーの勇気は全国ニュースになったが、この幼稚園児は何も特別なことはしていないと言い張った。「誰でもすることをしただけ」と。

心の中の英雄を子どもに見つけさせる

そのような困難な状況に対して、すべての子どもがそれほどの勇気と自信を持って対処するわけではない。しかし科学はロッキーの英雄的行動は子育てにより培われたものだと告げている。次に子どもの道徳的勇気を拡大する五つの方法を挙げてみよう。

1. **社会的責任を期待する。**ルーシーの父親は、思いやりの心を期待していると、子どもの心に植えつけた。ロッキーの父親は、自分が留守のときには「ママを大切にしなさい」と言い聞かせていた。もし困っている人を助けることが親や友達に期待されていると思うなら、子どもはいっそう人を助けるようになる。ホロコーストの救助者の大多数は、親がほかの人への思いやりを期待していて、責任の感覚を子ども時代に学んだと言っている。[10]

2. **模範を示す。**高いところに登るなどごく些細な怖れと戦う姿を子どもに見せるといい。あるいは、親がほかの人のために断固とした態度をとるのを見ている子は、同じようにする可能性が高い。

3. **英雄を見つける。**子どもは勇気を奮い起こすために英雄を必要とする。だから子どもにアピールする人を見つけるといい。実在の人物では、ガンジー、マザー・テレサ、エイブラハム・リンカーン、ネルソン・マンデラなど。フィクションではマチルダ〔ロアルド・ダール『マチルダは小さな大天才』〕、ハック・フィン〔マーク・トウェイン『ハックルベリーの冒険』〕、ドロシー・ゲール〔フランク・バウム『オズの魔法使い』〕、ハリー・ポッター、小さな機関車（ロッキーの英雄）でもいいし、隣の優しいおばさんでもいい。

4．手助けを止める。いつも子どもに代わって問題の解決をしてあげると、子どもはほかの人への依存を強める。もしこれまで手伝いすぎていたなら、自分で解決するように仕向け、子どもが自信を持てるようにしよう。たとえば、子どもが――あなたではなく――コーチに、今日の練習を休ませてほしいと言うことだ。子どもが――手助けなしに――仲間に謝ることだ。道徳的勇気は、子どもが自分の能力を信じ、また、自分自身に勇気を証明できる機会を持って初めて、可能になる。

5．小規模の勇気を試みる。子どもは小さいステップでも成し遂げることで、勇気を学ぶ。クリスタ・ホフマンは三歳の娘が抱っこされずに一人で小さな橋を渡るのを励まし、「勇気を出して、クララ。できるわよ」と言った。クララは自分に向かって「勇気を出して、クララ」と言い続け、橋を渡り終わったときに、何かを学んだ。「ママ、私は勇気を出せた！　私は勇敢ね！」と。

共感力アップ——その8
ほかの人のために立ち向かう

「立ち向かう人」になるために子どもの道徳的勇気を動員することが、いじめを止めるための一番の希望かもしれない。そのためには、子どもは踏み込んだり、支援を求めたりすることを学ばなければならない。次に挙げるのは、私が長い間何百という子どもに教えた七項目の「立ち向かう」方策である。一つずつ実践して、使えるようにしよう。

1．支援を求める。 ほかの傍観者に向かって「これは意地悪だ」「あれはいけないことだ」と言って、一緒に助けてくれる同志を探そう。または、「私と一緒にやってくれる？」「さあ、助けに入ろう」と言って、支援を求めよう。

2．信用できる大人に話す。「報告」（誰かが傷つくのを止めることになる）と「告げ口」（誰かをトラブルに巻き込むことになる）との違いを教えて、人に告げることがいけないという先入観を破ること。

3．被害者を助ける。もしあなたが助けに入るのをほかの人が見れば、ほかの人もあなたと一緒にやってくれる可能性がある。犠牲者の近くに立って聞くといい。「助けが必要？」と。「どんな気持ちか分かるよ」と強調することだ。「職員室に連れて行くよ」「ここから立ち去ろう」と助けを申し出る。出来事の後で「あの子がやったことは卑怯」「あんなことされる理由がないよ」など、犠牲者を支えることもできる。

4．前向きな見方をする。「立ち向かう人」は、前向きな視点でうわさを止めさせ、否定的な言葉に対抗することができる。「私はそこにいたけれど、そんなことは聞かなかった」「私はあの人を前から知っているけれど、それは違うわ」など。

5．立ち去る。周りの傍観者の数を減らすことによって、いじめっ子の勢いを削ぐこともできる。それなので、ほかの人たちにその場を立ち去るように「あっちへ行こうか」「ここで何をしてるの？」「さあ、行こう」などと促すといい。もしほかの人たちがその場を立ち去らなかったら、あなたが立ち去ればいい。もしそこに居続けるなら、あなたはいじめに加わっていることになる。

6．注意を逸らす。話をそらせば、集まっている人を散会させたり、被害者に逃げ道を与えることができるかもしれない。

注意のそらせ方：
・質問してみる「停学処分になるかもしれないって知ってる？」
・別な話題にそらす「バレーボールの試合には行かないの？」
・嘘を使う「先生がきたぞ！」
・割り込む「昨晩の野球の試合を見たい？」

7．**立ち止まって考え直す。**「立ち向かう人」の言葉で、傍観者は立ち止まり、行為の結果を考えるようになる。子どもはそれがなぜ悪いかを知れば、介入することが多い。「落ち着こう。」「あの子が怪我をするわ。」「自分が同じことを言われたらどういう気持ちになると思うの？」

決定的瞬間に落ち着いて勇気を出せるようにする方法

これから述べる四つのスキルはとても単純なものだ。これらのスキルは、子どもの忍耐力を強め、決定的瞬間に子どもが勇気を発揮するのを助けて、共感力が恐怖心のために閉ざされることがないようにする。

スキル1●前向きな言葉を自分に言う

落ち着いて勇気を出せるような言葉を学ぶ手助けをするといい。子どもが覚えやすい簡単な言い方がいい。紙に書いて壁に貼ったり、スクリーンセーバーにしてもいいだろう。

たとえば、「私は冷静で、落ち着いてる」「何でもない」「私にはできる」など。ロッキー・ライアンが母親の命を救った時に使った「大丈夫、大丈夫」。

スキル2●心のリハーサル

心の中でリハーサルしてみよう。そうすれば、実際に起こった時、身体的にそれほどストレス反応が起こらないようになる。オリンピックで金メダルをいくつも獲った競泳選手のマイケル・フェルプスは、競泳に臨むときにあらゆる可能性のシナリオを心の中でリハーサルし、北京オリンピックでゴーグルに水が入り込んだ時にも、慌てずにすんだ。彼は、ゴールに着くまでに正確に何回の水かきの動きが必要かを何度もイメージ化しておいた。

スキル3●目標を細かく分ける

子どもが野球の試合をうまくやり通せないと心配しているとしよう。その場合、最初の出番だけをうまくやり通すことを目標にする。それがうまく行ったら、次の出番のことを考え、そして三番目を……、といった具合である。もし学校の最初の日を終わりまでやり通せないと心配しているのなら、まずは休み時間までのことだけをイメージし、次に昼食まで、それから帰宅までという具合にする。

スキル4●深呼吸をする

ストレスを減らすてっとり早い方法は深呼吸である。深呼吸で酸素が脳に運ばれ、即時にリラクゼーション反応が起こるからである。それなので、ストレスを感じたらすぐ深呼吸をするように教えよう。息を吸い込み二まで数え、それから三つ数えるあいだ息をそのまま保ち、四つ数えながら息を吐く。それをまた繰り返す(2―3―4の呼吸法)[11]。幼い子にはこれを「ドラゴン呼吸法」と教えよう。

●年齢別の方策

道徳的勇気への道は共感力から始まることが多い。次に紹介する二人の少年は、「相手と共に感じる」ことで、クラスメートをいじめから救う行動を起こすことになった。

それは、カナダのセントラル・キングス・ルーラル高等学校の年度初めの日だった。一人の九年生がピンクのポロシャツを着て学校に入ってきた。一二年生(日本の高校三年生)の男子たちが彼を「おかま」と呼び、情け容赦なくいじめた。もしまたピンクを着てきたら「後悔するぞ」と言い渡した。

一二年生のトラヴィス・プライスとデイビッド・シェパードは、このことを聞いて、何とかしたいと思った。そこで、二人はお金を貯めて、安売りの店で買えるだけのピンク色のシャツ七五枚を買った。それからSNSで、この少年を支援するために次の日にはピンク色を着て登校するようにとクラスメートを促した。二人の計画はいじめる者と直接的に対決するものではなかったが、彼らに、ほかの子どもはそのいじめを承認しないと知らせるものだった。それで、みんなで「ピンクの海」となって立ち向かった。

トラヴィスはこの計画を両親と相談した。両親は了承したが、学校に知らせなければならないと言った。トラヴィスは学校に電話したが、もし喧嘩になれば処罰されると警告された。

「僕はいじめられているときの気持ちが分かった。学校に行きたくなくなる気持ちだ。僕はこの子に一人ではないと知らせたかった」とトラヴィスは私に言った。「それで、どんな結果になろうとも、この子のために立ち向かうと決めた。」

共感と道徳的勇気が勝ち、二人の「ピンクの海」運動は始まった。

二人は一〇〇〇人の生徒のうち何人が参加するか分からなかった。しかしいじめられた九年生の少年が次の日に学校に来ると、何百という生徒がピンク色を着ていた――多くの子どもは頭のてっぺんから足のつま先まで。誰も一言も言う必要がなかった。誰もが、ピンク色の洪水は、自分たちが彼を支えるために団結していることを意味すると知っていたからだ。そして、いじめは終わった。

全国版のニュースがこのピンク色運動を取り上げると、それは瞬く間に広がった。世界中の子どもがピンク色を着て、いじめに立ち向かった。ピンク色のシャツはいじめ撲滅の国際的なシンボルになった。一〇か国以上で、六〇〇万人以上の人々が年に一度「ピンクシャツの日」にピンク色を着る。〔訳注：日本にもこの団体がある。http://www.pinkshirtday.jp/〕これはすべて、困っている同級生を助けたいと思った二人の男子生徒の共感と道徳的勇気から始まったのである。

次に、子どもが道徳的勇気を出して、互いのために立ち向かうことを手助けする方法を挙げよう。

方策	内容	年齢
勇気がテーマの本を読み聞かせよう	バーナード・ウエーバー著『勇気』（日野原重明訳、ユーリーグ社、二〇〇三年）、ウイリアム・スタイグ著『ゆうかんなアイリーン』（おがわえつこ訳、セーラー出版、一九八八年）、ジェリー・スピネッリ著『ひねり屋』（千葉茂樹訳、理論社、一九九九年）	幼児、小学生
勇気の鎖を作ろう	日常生活の中でできる勇気ある行動、たとえば新入生に話しかけたり、新しいクラスメートを遊びに入れてあげたり、誰かのために立ち向かう、などを促す。勇気ある行動ができたら細長い紙きれに書いて、それを輪の形にホッチキスで留め、次つぎと勇気の鎖をつなげていくといい。	幼児、小学生

援助のスキルを教えよう	①助ける—救急処置を求めて走ろう。ほかの子どもにも助けを求めよう。壊れた物があれば、片付けよう。 ②共感を表現しよう。「私も同じことをされて、怖かったわ。」「君の気持ち、分かるよ。」 ③安心させる。「ほかの子も同じ目にあったよ。」「僕はいつも君の友達だから。」「先生が助けてくれるよ。」 ④自分の気持ちを話す。「君がそんな目に合うなんて。」「本当に大変だね。」「あれは嘘だよ。」	すべての年齢
「スーパーマン神話」を捨てよう	多くの子は、勇敢であるためには、超人ハルクのように見える必要があると思い込んでいる。そのような神話を捨てさせよう。物理的な力を使わずに、静かに勇気ある行為で世界を変えた人々の例を伝えよう。 例1：ピー・ウィー・リースは、大リーグ初の黒人野球選手ジャッキー・ロビンソンが肌の色についてやじられていたある試合で、歩み寄ってロビンソンに腕を回した。すると彼の勇気と同情心のある静かな動作が観客のやじを止めさせた。ロビンソンは次のように言った。「ピー・ウィー・リースは一言も言ったわけではないよ。だけど、僕をやじっていた観客を見渡して、ただ睨みつけたんだ。」 例2：マハトマ・ガンジーは非暴力・不服従の運動の指	すべての年齢

導者だが、子どもの頃は恥ずかしがり屋で、「誰にも話しかける勇気がなかった。」それで毎日学校が終わると、すぐに家に駆け戻った。
例3：ローザ・パークスは、白人の乗客にバスの席を譲ることを拒否したアフリカ系アメリカ人の公民権運動家だが、「静かな話し方をする人で……臆病で恥ずかしがり屋」だったと伝えられている。

SOSに際しての安全対策を教えよう

小学生以上

勇気ある人は、誰かが困っているか、トラブルに巻き込まれようとしている兆候を捉えることができる。子どもに危険を回避させ、踏み込むのが安全か、それとも助けを求めたほうが賢明かを決断するのを助ける安全対策のスキルを三つ挙げる。（参照：フィリップ・ジンバルドー著『ルシファー・エフェクト――ふつうの人が悪魔に変わるとき』（鬼澤忍・中山宥訳、海と月社、二〇一五年）

①安全を確保しよう。「誰か怪我をするだろうか？　大人を呼ぶ必要があるか？」もし危険が大きすぎたり、誰かが怪我をする可能性があるなら、助けを求めよう。安全が常に優先する。

②選択肢を秤にかけよう。「自分にこれを処理するスキルや選択肢、援助体制があるだろうか？」よく考えて、あなたにとって最善の方法を選ぶといい。

	③自分の感覚を信じよう。「自分の心が告げていることは何だろうか?」心の底で正しいと感じたことに従うといい。	
「立ち向かう人」について読書しよう	お薦め：ロイス・ローリー著『ふたりの星』（掛川恭子・ト部千恵子訳、童話館出版、二〇一三年）、レイチェル・シモンズ著『女の子どうしって、ややこしい！』（鈴木淑美訳、草思社、二〇〇三年）。ブッククラブを作って、感想を述べ合うのもいい。	小学生以上
家庭で「勇気を出せ」のお決まりを始めよう	学習障害を抱える三人の息子の父親は、子どもが困難に出会うことになるだろうと思って、一つの物語（Bill Martin Jr.著の『Knots on a Counting Rope』）を読み聞かせた。これは、一人の幼い盲目の少年が、自分の道を「暗黒の山々」に妨げられても勇気を出して進むという物語である。それから、父親はそれぞれの息子に紐を与えた。「困難に出会うかもしれないけれど、あきらめる必要はない。暗黒の山を一つ越える度に、勇気のシンボルとして結び目を作りなさい」と言った。父親は息子に「一度に一歩」の勇気を出すようにと教え、人生を処していく手助けをした。それぞれの家庭でできる「勇気を出せ」のお決まりの方法を考えるといい。	すべての年齢

第9章

共感力のある子は変革をもたらしたいと思う

——利他的な変革者を育てるには——

それは一二月の寒い夜だった。一一歳のトレバー・フェレルは、やっと生き延びているフィラデルフィアのホームレスについての報道をテレビで見ていた。彼は五つも寝室がある郊外の家に住んでいて、人が通りで眠ることなど信じられなかった。貧困はインドのような国だけで起こることで、アメリカにはないと学校で教えられていた。それで彼は自分の目で確かめるために、両親にせがんで街へ車で連れて行ってもらった。

ジャネットとフランク・フェレル夫妻は、もし子どもに思いやりを望むなら、連れて行くべきだと考えた。それで、トレバーは自分のお気に入りの枕と黄色い毛布をつかみ、三人は一二マイル離れたフィラデルフィアの中心街へ車を走らせた。この子は、歩道で丸くなっているホームレスの男を目にした。その男が排水溝の上に寝ているのが信じられなかった。トレバーは父親に後からついてきてもらい、車の外に出て、ひざまずいた。

「失礼ですが、毛布をどうぞ」とトレバーは言い、枕と一緒に毛布を男に渡した。

男は信じられずに目を見張り、それからトレバーがそれまで見たことがないほどにっこりとして顔を輝かせ「ありがとう」と言った。

トレバーは後でこのように話した。「車が出発して後ろを振り返ってみると、男の人は前よりは心地よさそうに見えました。それで、僕は心の中が温かくなりました。僕は何かを成し遂げたという気持ちになったのです」と。

この一一歳の少年は共感のほとばしりを体験したのだ。それは、ほんの一瞬だが「二つの心は結びつき」、お互いに共に感じ合うという、滅多にない、自然発生的な「心が高揚する」出来事だった。科学によれば、この体験が共感力を活性化し、思いやりと勇気をもって行動する可能性を増すための鍵になるという。次の日、トレバーは両親にもう一度連れて行ってほしいとせがんだ。彼はさらに二枚の毛布を配ったが、もっと多くの人が食べ物と快適さを必要としていることが分かった。トレバーは誰の名前も知らなかったが、もっと個人的なつながりを感じるためにニックネームをつけることにした。これこそ共感である！

次の夜も、トレバーと父親は、困っている人のために母親の古いコートや家にある余分な毛布と、手作りのピーナッツバター・サンドイッチをいくつも持って、その場所に戻った。トレバーは後で次のように語った。「人は見かけ通りとはかぎりません。見かけは悪者みたいでも、よく知れば、いい人たちです。」[1]

ほかの六年生が宿題をしたりテレビを見たりしているあいだ、トレバーの生活と彼のホームレスの人たちに対する見方は劇的に変化していった。その人たちは生き方も見かけも自分と異なっているかもしれないけれども、自分と同じ感情と必要を持っていることが分かった。

街への往復は続けられた。トレバーは毛布や暖かい衣類の寄贈を求めるポスターを張り始めた。寄贈物は少しずつ集まり始め、ボランティアが助けに入ってきた。それでもこの少年は、自分の始めた運動を止めなかった。「僕はできるだけこれを続けるつもりです。誰にでもできる簡単なことです」と彼は言った。トレバーは社会の問題に気づき、解決をするために献身する変革者になっていった。それから、多くの変革者がそうであるように、ほかの人の心を動かし始めた。

二年後には、この一三歳の少年はホームレスに食料と毛布を配る二五〇人体制の活動の先頭に立っていた。ロナルド・レーガン大統領は年頭教書でトレバーのような人々は「我々の心の英雄で……兄弟愛を体現している魂だ」と紹介した。

トレバーの運動は、フィラデルフィアのホームレスに三〇〇万食以上を配った。これはすべて、自分の想像を超える状況――人々が空腹で、寒さに震え、通りで寝ている――について偶然耳にしたことから始まったのだ。

変革をもたらすことを学ぶ

自分の枕を与えて男の顔に感謝の念が浮かぶのを見た瞬間が、トレバーの人生を変えることになった「変換の瞬間」だった。このような体験は決して前もって計画されてはおらず、短い時間であるが、深く心を動かす。そしてその出来事は子どもに新しい物の見方をもたらす。私はこれを「共感の飛躍」と呼ぶ。かつては「ほかの人」だった人（またはグループ）について新たな理解を得て心が開き、「私」は「私たち」に変わる。「その人（たち）はホームレス、貧困者、人種や宗教や性別や年齢や能力が違う人かもしれないが、私と同じように心地よさと援助を必要としている」という理解が生まれる。

この新しい自覚は、誰かが傷ついていて慰めを必要としているとか、公正ではない扱いを受けていることを子どもに認識させる。「何かが間違っている」という認識は、障壁を押しのけ、困難に立ち向かい、間違いが正されるまでぶれることなく、共感力を動機づけるものである。このような子は「変革者」になり、世界をよりよくする人になる。また、そうした子を助ける、思いやりのある大人がそばにいるものである。
このような「変革者」の例をいくつか挙げる。

ディラン・シーゲル（六歳）。一番の仲よしのジョナ・ポーナザリアンが、不治の肝臓病と診断されたときに、助けなければならないと思った。それで彼は『Chocolate Bar』という本を書いた。この本は一〇〇万ドルの利益をあげ、新しい遺伝子治療の開発に使われた。[2]

レイチェル・ウィーラー（九歳）。ハイチの子どもが貧困のため、泥のクッキーを食べ、段ボールの家に住んでいると知ったとき、「ただ座ってどうしようか考えているわけにはいかない」と感じた。それで彼女は、焼き菓子セールを仕切り、手作りの鍋つかみを売り、寄付を呼び掛けた。彼女の努力によりわずか三年間で、二五万ドルを超える資金が集まった。これは、二部屋からなるコンクリート作りの家屋を二七軒建てるのに十分な額で、現在レイチェル村と名付けられ、ハイチにある。[3]

ヤシュ・グプタ（一四歳）。自分の眼鏡が壊れてしまったときに、眼鏡を買うことができない何百万という子どもについて考え始めた。そこで、この少年は、「Sight Learning」という運動を立ち上げて、眼科医から使用済みの眼鏡を集め始めた。彼は、ハイチ、ホンデュラス、インド、メキシコの子どもたちに九五〇〇以上の眼鏡を寄贈した。ヤシュは「子どもには情熱があり、変革をもたらすことができる。自分が何の役に立ちたいのかを見つけ、それに焦点を当てることが大事だ」と言っている。[4]

利他的な子は究極のアン・セルフィーである。そのような子はほかの人の痛みを感じるし、社会的問題を認識し、解決策を見つけるために突き動かされる。彼らは称賛やトロフィーや報いを求めて行動するわけではないし、大学入試の応募書類を「よく見せる」ためにするのでもない。彼らは自らの情熱によって突き動かされている。それほどに共感の力は大きい。

子どもの共感力を増すことによる心身の健康上の効能は証明済みである。[5]

本章は、より共感的な世界を建設する利他的なリーダーになる、思いやりのある世代をどのように育てるかに関するものである。規模が大きくても小さくても変革をもたらす備えとなるスキルを、子どもは学ぶことができる。なぜなら子どもは、心の深いところでそれは正しいことだと知っているからである。子どもは人間性豊かな世界に対する私たちの一番の希望であり、それはすべて共感力から始まる。

子どもを変革者にするための手助けが難しい理由

私たちの子どもは善性を持って生まれる。しかし文化や子育てによって、共感的な変革者になる可能性が促されることもあれば、それが阻まれることもある。次に、子どもが生まれつき持っている共感力と利他性の成長を妨げる三つの障害を挙げてみる。

名声志向の「英雄」

今日の子どもは有名人や名声にあこがれる。このような価値観は、共感力の可能性を危うくする。結局のところ、ほとんどの有名人は自分の地位、名声、ブランドを誇示している。そのように「私」を強調することが、子どもの自分中心主義を増強し、ほかの人に対する関心を減少させる。

「ただ有名になりたい」という子どもの風潮は、二〇〇七年のカリフォルニア大学ロサンゼルス校の研究で最初に注目された。それ以前のどの調査でも、「有名になる」という願望は一六項目の価値観のリストの一番下付近にランクしていた。二〇〇七年以降、若者のナルシシズムは増加を続ける一方で、共感力は降下の一途をたどっている。[6]

たった二〇年前、子どもたちは、教師、消防士、医者などの人を助ける職業に就きたいと言っていた。[7] 今日の一〇代前期の子どもがなりたい職業のトップ・スリーは、「スポーツのスター」、「ポップ・ミュージックのスター」、「俳優」である。テレビの人気番組が一〇代向けに伝えている価値観のトップが名声であることは、おそらく偶然の一致ではないだろう。間違った模範は、子どもの価値観をゆがめる可能性がある。私たちの子どもが変革者になるためには、自己中心的でなく、思いやりのあるリーダーが模範として必要である。

物質主義の世界

子どもたちは有名になりたいと望み、思いやり、慈善、寛容以上に、所有物、外見、消費に価値を置く自己埋没型の社会に育っている。掲げられている強調点は、すべて、私がどう見えるか、私のお気に入りのブランド、私が所有する物であり、このような物質主義的価値観は子どもに必ず影響を与える。

私たちはもちろん、子どもに貧乏になってほしいとは思わない。しかし科学は、物質主義的でない環境に育つことに驚くべき利点があることを発見している。研究によれば、私たちが金銭を多く持てば持つほど、ほかの人の気持ちを思いやることが少なくなり、より自己中心的になるという。富は実際に、ほかの人に対する思いやりを減少させる。事実、低所得層の人々のほうが、高所得層の人々より、もっと人を助けるし寛容である。[8] それはなぜか。自分が無防備な環境にいれば、ほかの人に頼ることで問題を解決する。金銭や所有物が多ければ多いほど、ほかの人に頼る必要がなく、自分自身に頼る。

ほかの人に関心を払うことは、私たちの共感力と、社会的つながりを強める。物質主義的世界では、子どもは多くの場合、ほかの人の気持ちや必要から目を逸らし、ほかの人が所有するもの、着ているもの、見かけに目を向ける。それで、感謝、慈善、思いやりなどの人格形成に関わる資質が、人生の優先事項の低い位置を占めることになる。

私たちが子どもに与える「モノ」は、子どもを本当に幸せにしているだろうか？「否！」が科学からの一致した答えである。所有物に対する執着は、幸福感の減少と同時に不安感の増加にも結びつく。[9] ほかの人に与える行為は、自分のために消費する行為よりも子どもを実際幸せにし、さらに与えたいという気持ちを増加させる。それなので、次に子どもが何かを欲しがったら、財布をしまい、ほかの人のために良い行いをするように子どもを促すといい。この試みは最初の数回はうまくいかないかもしれないが、繰り返し続けていれば、「あなたが所有している物よりも、あなたがどんな人であるかの方が重要である」というメッセージを、子どもは感じ取ることだろう。

「手をかけすぎる」子育てスタイル

大学生の年齢層を対象とする全国調査によれば、「タイガー・ペアレント」〔訳注：エイミー・チュア著の『タイガー・マザー』（齋藤孝訳、朝日出版社、二〇一一年）で話題になり流行語となった、子どもの成績や進学に行き過ぎとも言える期待をかける親のこと。〕に育てられている子どもの困った傾向が示されている。そのような親に育てられた子どもは模範的な履歴書と成績表を持っている一方で、精神衛生や自信や共感能力を脅かすような心の弱さに苦しんでいる。

・ヘリコプター・ペアレント〔訳注：ヘリコプターが上空にとどまるように、いつも子どもを近くから監視している親を意味する。日本語のモンスター・ペアレントに似ている点もあるが、やや意味合いが異なる。〕に育てられた大学一年生は、「常に親に監視されることがなく、自分に任されている学生」よりも、新しい考え方や行動に対して閉鎖的で、不安感や依存心が強い。[10]

・過干渉の子育ては、子どもの発達上の問題と関係している。なぜなら、「そうすることで、子どもが自立した大人になるのに必要とされる重要なスキルの練習とそれを発達させる機会を制限する」からである。[11]

・「ヘリコプター」式の親がいる学生は、心理的な健康状態の測定では低い得点をとり、不安感やうつ症状のために投薬を受けることが多い。[12]

いつでも親が子どもに代わって行動し、解決し、子どもを救うことは、子どもが問題や困難に対処し、決定し、問題解決をし、変革をもたらすのに重要な共感を発揮するなどの、決定的なスキルを学ぶことを難しくする。そのようになんでも「してあげる」ことは、子どもに不安感を与えることになる。「あなたは一人ではできないから、私が助けてあげる」と。親の管理が子どもの自己評価を低くし、人を助けるために踏み出したり発言したりする道徳的勇気を減らす。ここに、過保護な子育ては共感的なリーダーを生み出すことを妨げる原因がある。

過保護はストレスや逆境に対処する機会を減らす。本当のことを言えば、共感するのは簡単ではない――ほかの人の痛みや苦しみを感じるのは辛いことである。自信と問題処理能力も必要とされる。それだからこそ、世界で独自の貢献をするために子どもが歩み出すことができるよう、私たち大人は後ろに退かなければならない。

科学に聞く
変革者を育てるには

赤ん坊の精神は長年「何も書かれていない白紙」のようなものだと、見なされてきた。しかし、これまで夢にも思わなかったほどに、赤ん坊の頭の内部では多くのことが起こっていることを近年の科学は明らかにした。もっとも興味深い研究の一つは、カレン・ウィン主導によるイエール大学の乳幼児認知研究センターで行われている[13]。彼は一秒に満たない集中力しかない幼い子どものために特別な人形劇を企画した。結果は乳児の能力についての私たちの考えをひっくり返すものだった。乳児たちは優しい心の「善い人」を明らかに好んでいた。

最初の人形劇で赤ちゃんが見たのは、糊で大きな目をつけられた赤い積み木が二回、険しい丘を登ろうとしてその度に失敗するところだ。三回目に「登山者」は自分を後ろから押してくれる「援助者」または、押し戻す「邪魔者」に会う（「援助者」とか「邪魔者」は黄色い三角の積み木だったり、青い四角の積み木だったりする）。それから援助者と邪魔者を表す積み木がお盆に乗せられて赤ちゃんに提示される。すると、六か月から一〇か月の乳児のほとんどすべてが、「援助者」に手を伸ばした。判決は明確だ。赤ちゃんは善い人を好む。

二歳の誕生日を迎えるまでには、幼児はほかの人の気持ちをよくしてあげようと試みるし、困っているると手伝おうとして、親切心を発揮する。フェリックス・ウォーネケンとマイケル・トマセロの実験では、一人の大人が助けを必要とするような行動をし、その後、一八か月の幼児がどのように反応するかを見守った（例を挙げれば、大人が物干しにタオルをかけようとするが、「たまたま」洗濯ばさみを落としてしまい、それを取ろうとして困っているフリをする）。実験者の顔の表情や身振りで、その人が助けを必要としているように見えると、幼児たちは手助けした。[14]

「善きサマリア人」はどこに行ったのだろうか？

幼児は驚くほどに早くから、慰め、手助けし、親切な行動をする。報いを期待しないで助けるし、父親や母親からの称賛さえ期待しない。しかし五歳になるまでに、子どもの思いやりの性質はすでに衰え始める。

一〇代前後になると、「ほかの人を助ける」は優先事項のリストに置かれさえしない。何千というティーンについての「思いやり普及会」〔第6章参照〕による調査では、大多数のティーンが個人的成功――達成と幸せ――を優先事項として、他人への関心より上にランクづけた。この結果には暗い気分になる。

科学によれば、子どもは「善きサマリア人」的な本能を持っているにも関わらず、思いやりを発揮する経験を重ねていなければ、その力を失っていくという。私たちは子どもの「人を助けたいという生まれつきの」性質を当たり前と思うかもしれないが、そのような先入観は、思いやりのある子どもを育てるためには妨げとなる。

変革者となる心構えを培う方法

あなたの子どもは、共感は生まれつきのものだと思っているだろうか、それとも育むことが可能なスキルだと思っているだろうか。あなたはどう思うか。この問いに対する答えは、子どもが「変革者」になるかどうかに驚くほどの影響を与える。

心理学者キャロル・ドエック、カリーナ・シューマン、ジャミール・ザキの発見によれば、共感力は育むことができると信じる人は、改善不可能な固定的性質だと思う人よりも、ほかの人の気持ちを理解し共有しようと努力するという。[15]また、共感力を高めることが可能だと知っている人々は、自分と人種が異なる人々と共感することが多いことも、彼らは発見した。

私たちは「私たちに似ている」人と共感する傾向にある。しかし、共感力について改善可能だと信じられるようにすれば、子どもが「私と似ていない」人とも共感できるようになるだろう。このような科学的発見は、いじめや人種間の不和や憎しみを減らして、世界に足跡を残す、思いやりのある利他的なリーダーに子どもを育てる可能性を示している。

ステップ1●親切心は成長することを教えよう

子どもに次のように話すといい。「親切な行為を学ぶことは野球やチェスを学ぶのと同じです。やればやるほど、ほかの人の考えや気持ちを理解するのが上手になりますよ。」

ステップ2●努力の過程を評価しよう

過程を強調して（「ほかの人を助けようとして努力しているわね」）、最終的な結果を強調しないことである（「今日は五〇枚も毛布を配達したのね」）。子どもの努力がどれほど共感のスキルを拡大させているかを強調するといい。「これまでより人の気持ちを読み取る力がついてきたわね。」

ステップ3●実践を奨励しよう

自分を利他的だと考える子は、大人になっても人を助けることが多い。なぜなら、人は一般的に、自己イメージに一致するように行動したいと思うからである。[16] だから、子どもが自分を利他的人間だと思えるように、実行しやすく、身近な人びとのためにできる親切な行為（自分のおもちゃやお小遣いやもらったプレゼントを寄付する、近所のおばあさんの犬の散歩を手伝うなど）を提案するといい。

ステップ4●親切な行為の影響力を繰り返し伝えよう

アービン・スタウブ博士は、ほかの人を助ける機会を与えられる子どもは、さらに人助けをする傾向があるが、自分の行為が与えた影響を指摘されたときには特にそうであることを発見した。これによって、子どもは共感的な心構えを高めていく。「あなたが助けたときに、その人はどうした？　その人はどう感じたかな？　あなたはどういう気持ちだった？　手を貸すことが、前よりもやさしくなったかな？」

共感力アップ――その9
思いやりを示したい相手に応対するために

カイラはまだ四歳にもならないが、すでに「変革者」である。私がパーティでつま先をぶつけたとき、カイラは最初に私の傍に来てくれた。彼女が事の次第を判断し、私の「怪我」を注意深く見て、それから共感してくれるのを、私は見守っていた。彼女の顔の表情は、問いかけから心配に変わっていった。それから彼女はとても大きな目で見上げて「つまさき、いたいね。バンドエイド？ てあてしてあげる」と言った。

カイラは言葉が足りなかったかもしれないが、彼女のメッセージははっきりと共感的だった。彼女の両親は思いやりのある子に彼女を育て、幼くても人助けをする方法を教えた。子どもはほかの人の痛みに気付くかもしれないが、もしどうすればいいか知らなければ、その共感は失せていく。年齢に関わりなく、「変革者」は障害物があっても、思いやりの解決法を見つける。そのような人は、親によって思いやりのある人に育てられている。次の四つのステップを教えることで、助けを必要とする人に応対することができ、自分の気遣いを示し、共感の空白を狭めることができる。

ステップ1●気持ちを理解する

気持ちを読み取る。その人は悩んでいる、悲しい、怒っている、不満に思っているように見えるか。もしそうだったら、助けてあげるといい。もし確かでないなら、はっきりさせるために、その人にどんな気持ちかを聞くといい。「悲しいのですか?」「悩んでいるようですね」「大丈夫?」

ステップ2●分析する

問題は何か。その人を悩ませている原因は何か。状況を分析するといい。「その人は助けが必要で、助けを求めているのか?」「この人を助けることが、私にできるか?」

ステップ3●世話をする

もし自分の気持ちに無理はないと感じるなら（そしてその人が助けを求めているように見えるなら）、申し出るといい。「何か私に手助けできることはありますか?」「先生を呼びましょうか?」もしその人が一人になる必要があるようなら、それを尊重するといい。後でもっと適切な時に、いつでもその人を慰め支えることができる。

ステップ4●共感する

あなたが心配していることを、その人に知ってもらうといい。「大変ですね。」「そういうことが私にもありました。」「あなたの気持ちが分かります。」

子どもが「変革者」になるのを助ける

担任の先生の娘さんが癌で死にそうだとアマンダ・パーリンが知ったのは一年生の時、一九九〇年代のことだった。アマンダは何か手助けをしたいと思ったが、クッキーを焼くだけでは十分でないと思った。それで、手作りのクリスマス飾りを売って資金集めをしようと、家族を説得した。

アマンダの母親は私に次のように語った。「私たちはいつでも教育と価値観を大事にしていますが、ほかの人を助けることが、うちの六歳の子に影響を与えたのを見て、私たちは子育ての仕方をもう一度見直すことになりました。私たちは、年間を通して、人を助けることを子どもの生活の優先事項にしようと決心しました。」

夫妻は、自分たちにできる人助けの方法を三人の子どもたちと座って話し合った。子どもたちは一人ひとり、自分が重要だと思う、困窮している人を選ばなければならなかった。そしてマリリンとドン夫妻が、子どもたちをサポートすることにした。このようにして、三人の子どもが「変革者」になるスタートを切った。

エリック（一二歳）は恵まれない子どもに無料の靴を配る運動「歩み出す」を始めた。彼の企画は、バル・ミツヴァー〔訳注：男子が一三歳のときに行われるユダヤ教の儀式で、社会的・宗教的責任が果たせる年齢に達したことを祝う〕にもらったお祝い金を寄付することから始まった。そのお金で彼は貧困家庭の六人兄弟のために靴を買った。それ以来、彼は地域の店や靴屋から寄付された新しい靴を二万足以上、貧困家庭の子どもたちに配ってきた。

チャド（一五歳）は家庭に経済的余裕がなくて歯の治療を受けられない少女のことを知った。それで彼は五〇〇人の歯医者に手紙を書いて、その少女を助けた。その後、チャドは「医療手配」の企画を始めた。それは、貧しく、なおざりにされている子どもに、無料の医療を手配する企画である。現在は形成外科医になっているが、彼は、第三世界の子どもを助けるために自分の時間と専門技術を捧げ続けている。彼は名高い「思いやりのある医者（Compassionate Doctor）」の表彰を受けた。国内の八七万人の医者の中で、二〇一二年に表彰されたのは、たった三％である。

アマンダは、自分がぬいぐるみをどれほど好きかと考えているときに、「抱いてハグして」の運動を立ち上げた。「ぬいぐるみが私の気持ちをこんなに慰めてくれるなら、ほかの子どもにもどれほどぬいぐるみがいいか想像できるわ」と彼女は言った。それから、この九歳の女の子は、シェルターや里親家庭や病院にいる子どもにぬいぐるみの動物を配り始め、これまでに、何百というぬいぐるみを配ってきた。

まだまだ彼らの人助けの偉業は続いている。

「人々は変革をもたらすのはとても簡単だということに気づいていない」とチャドは言った。多くの親も気づいていない。

1．あなたの子どもが関心を持つ思いやりの対象を探そう。地域のさまざまな組織で、子どもと一緒にボランティア活動を始めるといい。それから、あなたの子どもの心を動かす事柄に目を止めよう。子どもは一人で活動するのが好きか、ほかの人と一緒にするのが好きか。戸外活動が好きか、屋内活動が好きか。自分より年下の子どもと一緒がいいか、年上の子どもと一緒がいいか。あなたの子どもの情熱、関心、スタイルに合った対象を見つけよう。

2．可能性について考えよう。子どもの関心を特定できたら、変革をもたらす方法を洗い出すのを助ける。子どもが貢献したいと思う現実的な事柄に絞り込んでいく。大きなことを考えるのはすばらしいが、小さいことから始めるようにアドバイスするといい。新しいシェルターを建設するよりは、近所の人にメールを送り、コートを寄付してくれるように頼むほうがいいかもしれない。

3．計画しよう。子どもが計画をよく練れば練るほど、成功の可能性は大きくなる。必要な資金や人的支援体制のリストを作る手助けをするといい。もしおもちゃの寄付が必要なら、チラシを作って掲示するように子どもを促すとか、もし手紙による運動を始めたいなら、送り先の住所を探す手伝いをする。子どもは親にその計画を話さなければならないこと、大人の付き添い無しに見知らぬ場所に決して行かないことを強調する。

4. 身近な地域で始めよう。 大きな問題は海の向こうにもあるが、自分の地域にもある。地域のフードバンク、小児科病院、炊き出し活動などで、一緒にボランティアをすることを考えるといい。

5. 「直接的な関わり」を推奨しよう。 共感は顔と顔を合わせることで、最も活性化する。子どもシェルターにおもちゃを持って行くのもいいし、老人ホームに本を届けるのもいい。

6. 続けること。 一回限りの奉仕活動では、共感的な心構えを育てるには、十分ではない。それは週ごとでも、月ごとでも、一年ごとでもいいが、継続すれば、子どもは人助けの習慣を発達させる。

●年齢別の方策

子ども変革者①：クレイグ・キールバーガー

彼の父は朝食のときいつも新聞を読んでいて、世界で起こっていることを家族に話した。たいていの場合、一つの記事を取り上げて話し合い、可能な解決法や行動について考えるように促した。

一二歳のとき、クレイグ・キールバーガーは、朝食のときに見た新聞の見出しにショックを受けた。それは「強制児童労働の一二歳の少年、暗殺される」だった。四歳のイクバル・マシフが母親に奴隷として売られたという。そのパキスタンの少年は、織物機に鎖で繋がれ、六年間、一日一四時間働かされて、絨毯を織っていた。殴られることも多かった。奴隷の身分から解放された後、児童労働に反対の声を上げて著名になったのだが、二人の友人と自転車で家に帰る途中、暗殺されたという記事だった。[17] 自分の視点にそぐわない見解へのショックや懐疑が、多くの場合、変革の始まりとなる。クレイグはなぜこのような子どもを助ける人がいないのかを理解できなかった。それに、イクバルよりも小さい子どもさえ、奴隷として働かされていることを発見したのだった。

ある日クレイグは受け持ちの先生に、クラスメートに話をしてもいいかと尋ねた。彼はイクバルと児童労働についての記事のコピーを配った。そして彼は、自分と一緒に子どもの権利のために闘うことを助けるボランティアを募った。一一人のクラスメートが手を挙げ、「フリー・ザ・チルドレン」の運動が生まれた。クレイグは運動のリーダーとなり、両親の祝福の下に、彼の家が本部となった〔訳注：日本にも支部がある。http://www.ftcj.com/〕。

クレイグは次のように語った。「一〇人くらいの仲間で、小さな援助活動を始めました。ドラマチックなことは、何もありませんでした。二、三の嘆願書を政治家や企業の社長に配りました。それから、二、三人の仲間が、学校や宗教団体や地域グループの人たちに話をしました。そこからは、雪だるま式に運動が大きくなっていきました。」

「フリー・ザ・チルドレン」は今や、世界で最大の、子どもによる子どもを助けるためのネットワークである。五五か国二三〇万人以上の若者が関係している。五万人以上の貧困に苦しむ子どもたちのために、自分たちの誕生日祝いにもらうお金で大部分の資金を集め、ボランティアが出かけてレンガを積み、何百という学校を建ててきた。

二〇〇六年に、クレイグは、子ども向けノーベル賞とも考えられている「子どもの人権のための世界子ども賞」を受賞した。「フリー・ザ・チルドレン」は三回、ノーベル賞候補にもなった。クレイグと弟のマークは今では、子どもたちの生活を変えるために専従職員として働いている。これはすべて、自分と同年齢の子どもについて新聞で読んで、知らんぷりはできなかったことから起こったことである。

子ども変革者②：ライアン・トレイノー

彼は一一歳の時に、図書館でボランティアをしていた。低学年にお話を読んであげていたときに、彼の心は開いた。「僕は本当にこの子たちに心を惹かれたのです。僕は子どもたちにとって、本がどれほどの意味を持つかがわかりました」と彼は言った。それはまた、彼が、多くの子どもは本をまったく持っていないことを初めて認識したときでもあった。それで、彼は自分の家の裏庭に寄贈書籍のための箱を置いた。六か月間で、彼は二万五千冊以上の本を子どもたちに配った。今では七つの学校のティーンが手伝っている。[18]

子ども変革者③：ケイデン・タイパラス

彼が学校の食堂の列に並んでいたときのことだが、彼の前に並んでいた生徒が口座に十分な残金がないという理由で、食事を受け取れなかった。ミシガン州に住むこの三年生は、その少年の苦しみを感じて、ほかのどのクラスメートもこのような屈辱的な思いをしないでほしいと願った。ケイデンは、空のボトルを集め始めた。そして減額のランチ〔訳注：アメリカ合衆国には、家庭の収入が限度額以下の場合、学校のランチにかかる費用を免除ないし減額してもらえる制度がある〕を受けている人の未納金を支払うための寄付を、友達に募った。彼の「ペイ・フォワード」として「空腹な子ども撲滅」運動が広まった。二週間のうちに、子どもや大人や企業から惜しみない寄付金二万ドル以上が集まった――これはケイデンの学校と学区内の子どもを助けるのに十分な額だった。[19]

子ども変革者④：ヴィヴィエンヌ・ハール

彼女は八歳の時、奴隷となっていた二人のネパール人少年の写真を見た。「何かしなければ」と、彼女は父親に言った。[20] それから彼女はレモネード・スタンド〔訳注：アメリカで夏によくみかけるが、子どもが手製のレモネードを自分の家のガレージや庭先で売り、お小遣いにする〕を設置した。そしてお客さんに毎日「これはお小遣い稼ぎではなくて『寄付』なので、心で思う額を捧げてください」と言った。六か月で、ヴィヴィエンヌは、奴隷反対の団体のために一〇万ドル以上を集めた。しかしそれはいつも簡単だったわけではないと、次のように話した。「ほかの人が何と思うかを気にするわけにはいきません。そうでないと、人の意見に押しつぶされてしまいます。それには勇気が要ります。」

子ども変革者⑤：クリスチャン・バックス

彼は二年生のとき、友達がいないクラスメートの気持ちを感じ取った。そこで、運動場に「みんなのベンチ」を設置することが解決になるだろうと思った。ひとりぼっちの子がそこに座ると、それはクラスメートにだれかと話したいという合図を送ることになる。そうすれば、ほかの子どもはその子を遊びの仲間に誘うことができる。[21] クリスチャンは思いつきを校長に話し、運動場にベンチが新しく設置された。地域の新聞が写真を掲載し、それは瞬く間に広まった。世界中の何百という生徒が、仲間の友達作りを助けるために、学校にベンチを設置することを求めた。

子ども変革者⑥：ケヴィン・カーウィック

彼は仲間がいじめられているのを見るのが嫌だった。それで、無記名のアカウント――@OsseoNiceThings を開設し、親切なコメントをツイートし、気にかけている人がいることを知らせることにした。クラスメートもケヴィンのやり方を真似し出した。するとあるニュース局がその話を報道し、ケヴィンの「親切運動」は瞬く間に広まった。クロアチア、韓国、オーストラリアのような遠い国々のティーンも、ネット上のいじめを止めさせるために「親切」アカウントを開設し始めた。一番いいことには、子どもが意地悪な投稿をフォローするのを止めたので、ネット上のいじめが力を削がれたことである。

子ども変革者⑦：ネイト・ドレイファス

彼は九歳だったが、ある寒い日に一人の男の人が車から降りて、自分の上着を脱いで、道にいた人にあげているのを見た。彼は心の中が温かくなり、そして自分もそのようなことを始めたいと思った。家族の助けを得て、ネイトは近所に箱を配り、七九着のコートを集めて、シェルターにいる人たちに配った。「本当に心が温かくなります」とネイトは言った。[22]

方策	内容	年齢
子どもの関心の対象を見つけよう	奉仕活動と子どもの関心を一致させよう（参照：子ども変革者②）。最善の奉仕活動はその子にとって意味のあることで、履歴書をよく見せるためのものではない。子どもが変革をもたらすためには、自分の家を離れる必要はなく、そのままで同じような志の仲間の先頭に立つことができる。	小学生以上
一人の相手から始めよう	援助の動機は顔と顔を合わせることから始まる（参照：子ども変革者③）。私たちは一人の困窮している人に対	すべての年齢

	して共感を抱きやすいもので、苦しんでいる多数の人に対してではない。困っている人の数が多くなると、私たちは感情的つながりをいくらか失いがちで、自分が何をしても変化は起こらないと感じる。一人の人を助けることで、変革をもたらすことができると、子どもが認識できるように手助けするといい。	
ニュースを活用しよう	世界情勢を知って、世界への意識を高め、問題がどこにでもあることを認識できるように子どもを助けるといい。もし一つの事柄（いじめ、人種差別、貧困、人身売買など）が子どもの心をとらえたならば、その解決につながる行動計画を立てる手助けをするといい（参照：子ども変革者①）。	小学生以上
意見の相違に対処する備えをさせよう	ほかの人が反対しても揺らぐことがないように（参照：子ども変革者④）、「変革者」は自分の見解に従って立ち向かう練習をする必要がある。否定的な意見を言う人がいる可能性に備えて、「やり返す言葉」を練習するといい（「私はあなたに同意できません。……という理由で、私はこれを信じています。」練習することで、子どもは自分の意見を言う自信を深め、ほかの人のために声を上げることができるようになる。	小学生以上

「変革者」についての情報を分け合おう	心が高揚するような経験は伝染する。ほかの子どもたちが変革をもたらしているのを見れば、自分も人を助けたいと思うことが多い（参照：子ども変革者⑤）。変革をもたらすようにと子どもの心を動かすために、ほかの子どもたちがしている変革の努力についての情報がMy Hero Projectに紹介されている（参照：http://www.jearn.jp/japan/project/pdf/MyHero.pdf）。	すべての年齢
前向きにSNSを活用しよう	SNSは、内向的な子どもが先頭に立つことを促す一つの方法かもしれないし、その努力は無記名のままで可能である（参照：子ども変革者⑥）。	小学生以上
自分への気遣いを教えよう	ストレス管理法で、感情的ストレスを処理する方法を子どもに教えるといい。ほかの人を助けられるように、自分にも気遣いをするようにと教える。 ①自覚する。自分の気持ちに寄り添うよう、子どもに教えよう。「私はどんな気持ちかな？」「私には何が必要だろう？」などと自分に問いかけるように教える。子どもが問題と距離を置くのを学ぶように助け、最初は緊張度が少ない企画に関係するように手助けをする必要があるかもしれない。	

	②深呼吸をする。深くゆっくりとした呼吸に集中することは、ストレスを軽減する。第5章の「マインドフルネス呼吸法」をもう一度確認するといい。 ③落ち着く。子どもの気持ちを静めるのに役立つものは何かを見つけるといい。体を動かす、ほかの人と一緒に過ごす、面白い映画を見る、祈る、組織に繋がるなど。家族でそれをするのもさらにいいだろう。	
境界を拡大しよう	子どもの心地よい領域を拡大して、「異なる」人（ホームレス、お年寄りなど）との交流をさせるといい。そうすれば、子どもは「自分と似ていない」人にも共感することができるようになる。そのような心を拡大する経験は、子どもの生活を豊かにするだけでなく、共感力を拡大する。そして、子どもは、変革をもたらす同情心のあるリーダーになりたいと望むようになる。	すべての年齢

おわりに

共感力の特典
子どもを実り多き人生に導く7つの創造的な方法

本書の取材をするために世界中を飛び回り、何百人という人々と話し、何十という学校を訪問した。共感力を培うための方法も数えきれないほど見聞きした。そのうえで、最も効果的な方法は、現実的で、意味深いもので、子どもの必要に応えるものだった。

1．友好的であれ

共感は常に「私たち」に関する事柄である。共感力を増すためには、もっと友好的な文化を作る必要がある。友好的な雰囲気の中でただ一緒にいるだけで、人々に対する共感は増し、もっと親切でありたいと思うようになる。南太平洋の小さな島バヌアツはそのような社会の模範例である。この島が「地上最高の友好的な場所」と呼ばれていることに、私は訪れてみて納得した。どこに行っても、島民は心の底から笑顔で「こんにちは」と挨拶してくれるし、本当に私に関心を持ってくれるように思えた。その友好的な態度が感染して、私もまた見知らぬ人に「こんにちは」と笑顔で返答するようになった。バヌアツの人になぜそんなに友好的なのかと質問すると、答えは簡単だった。「だって、ほかのみんなもそうだから。」友好的な態度は、気持ちを寄り添わせる。通り過ぎるのではなく、その人の存在をしっかりと受け止めるのである。でも、だからといってそのような態度を得るために、家族ぐるみで南太平洋に引っ越す必要はない。自分の家庭、学校、近所でできる方法をいくつか述べてみる。

コネチカット州のグリーン・ファーム・アカデミーの母親たちは、子どもと共に、礼儀作法と友好的態度を実践するために、週一度の会合を始めた。ワシントン州ブレマートンの中学校は、毎朝学校の入り口で生徒を出迎える挨拶活動を始めた。先生は毎日ハグと握手で生徒を迎えてくれて、彼らはハグか握手のどちらかを、友達にリレーした。この方策は学校中の慣行となり、短期間のうちにその学校はより友好的な雰囲気になった。

どんな共感の瞬間でも、その基盤には人間的つながりがある。過度に個人主義的で常にデジタル機器に接続している今日の文化にあっては、相手の目を見て相手の話を聞き、相手の心と共に感じる、もっと友好的で、思いやりにあふれた文化を創り出す方法を見つける必要がある。

2. 障壁を壊そう

私たちは自分の身近な人と共感しやすいし、自分に「似ている」人々を思いやることが多い。子どもの慣れ親しんでいる輪を自分に「似ていない」人々へと拡大することは、共感への道を開く。このようにするためのたいへん創造的な方法を、私はカブールで見つけた。

アフガニスタンの若者の教育と励ましの機会を作るために二〇〇七年に始められた運動「スケーティスタン」は、きっかけ作りとしてスケートボードを利用する。ほとんどの参加者は大きな社会的困難を持つ子ども——就労児童、読み書きのできない子ども、低所得者層の子ども、障がいを持つ若者、いまだに数知れない社会的障壁に出会う少女——である。参加者の四〇%が少女であるという事実は、アフガニスタンでは女性が自転車に乗ることも、男の子と一緒にいることも、教育を受けることも禁止されていることを考えれば、大変大きな意味を持つ。一五〇〇人の少女が週に三日、午後に、そのスケートボード学校に通い、戦争で破壊された地域で、男の子と一緒にスケートボードをする。[1]

ニューヨーク・タイムズ紙などに作品が掲載される著名な写真家ノア・エイブラムズは、カブールでその様子を撮影してきた。彼は私に信じられないような場面を述べてくれた。勇気をもってスケートボードをする少女たちは、ボードに乗って風を切り、急回転し、多くの場合、男の子たちをしのぐほどだったという。

エイブラムズはこう話した。「女の子が、少なくともスケートボードでは『平等』だとみなされて、男の子と一緒にスケートボードをする様子は忘れられません。男の子がこの瞬間——女の子たちが自分たちよりも上手だったこと——を覚えていて、将来大人になったときに、女性に対してこれまでとは異なる扱い方をしてくれることを願っています。」

イスラエルのヤッハにある幼稚園は、イスラエルとパレスチナの間の恒常的緊張の中で、幼いアラブ人とユダヤ人の子どもに平和に共存することを教えようと、固く決意している。ある学校の「手と手を結ぶ」というプログラムは、ユダヤ人とアラブ人の隔離と暴力が広がることに対して、お互いに対する敬意と開かれた対話で対処することを目的としている。二人の女の子を持つアラブ人の母親は「学校は、自分の子どもと近所の子どもが安全だと感じる唯一の場所です」と述べた。この考え方は革命的である。その学校のやり方は、違いがあっても互いについて学び、共にいることが可能だと子どもに示す最善の方法かもしれないと、多くの親が認めている。

本書「はじめに」で紹介したメイン州でのサマーキャンプ「平和の種」では、戦闘で疲弊している地域の平和に対する最善の希望が、子どもにあるということを確信した。調査によれば、五〇〇人以上のティーンがそのキャンプから巣立ち、その中の半数以上は、今や自分の国で指導者になり、五人に一人は共存運動に関係する働きをしている。

私たちは、子どもを幼い頃から多様性に触れさせ、見慣れた環境の輪を拡大しなければならない。子どもの思いやりの輪を広げる機会を見つけなくてはならない。

3．子どもに声を上げさせよう

今日の子どもはデジタル機器に囲まれて成長するので、話すよりもメールを送る方が楽だと思うだろう。しかし共感は顔と顔を合わせる結びつきによって動かされる。だから、私たちは会話技術を維持しなければならない。ここで、チベットの歴史あるセラ僧院の日課が鍵となる。平日の午後に毎日、僧侶は一四一九年に建てられた僧坊に集まり、仏教哲学を理解するために一時間のディベート方式の討論を行う。この時には、立って質問する挑戦者と、それに座って答える弁護者を置く。僧侶は身体全体を使う。論者が良い点を突く度に、割れるような拍手やぴしゃりという手の音が響く。それから次の議論を慎重に重ねるために休止があるが、すべては同志愛の精神で楽しく行われる。メモ書きや本の持ち込みは許されない。ディベートは暗記した教義の要点や題目の理解に基づいて行われ、休みなく質問が浴びせられる。私は、一言も言葉が分からなかったが、世界中の報道記者たちとそのディベートを見守った。私は自分が共感力を培うための決定的な一場面を見守っていることを意識した。これは「声に出す」実践である。僧侶は、顔と顔を合わせて自分の意見を言葉にし、他の人の考えと気持ちに耳を傾ける実践を日常的儀式にしていたのだ。

共感力は道徳的勇気と道徳的自己意識がなければ、衰えていく。それだから、子どもは、ほかの人のために声を上げることができるように、自分のよって立つところを理解しなければならないし、自分の声を使う練習をしなければならない。

自分の意見を言い、ほかの人の意見を聞き、敬意を持って反対意見を言うことを学ぶ場として、家族会議や夕食を囲んでの話し合いは、デジタル時代に生まれた子どもにとっては、決定的に重要な経験である。「コモン・センス・メディア」〔訳注：二〇〇三年にアメリカで創設された団体で、子どもや家庭に健全な娯楽のリストを推薦している〕は、一三歳から一八歳のティーンが一日にほとんど九時間――平均的な睡眠時間よりも長く――「娯楽デジタル媒体」（SNS、音楽、ゲーム、ビデオ）に、時間を費やしているとの報告を出した。トゥイーン（一〇～一三歳）は、一日に一時間のデジタル接続である。しかも、今や幼児の三分の一はスマートフォンやタブレットを使っている。会話を、忘れられたスキルにしてはならない。周りの実際の人間に寄り添い、顔と顔を合わせ、声を出して相手の考えと気持ちに耳を傾ける意思疎通を練習するために、デジタル機器に接続しない時間を設定する必要がある。

4．デジタル機器によらないゲームをしよう

共感力の認知的部分は、ほかの人の考えや気持ちを理解する能力――ほかの人の立場に立つこと――である。私が見学した中でも興味深い視点変換の授業の一つは、エレヴァン〔訳注：アルメニアの首都〕にある小学校で、子どもにチェスを教えるものだった。アルメニアはすべての生徒が六歳からチェスを学ぶことを必修とした世界最初の国である。子どもの性格とリーダー性を養うためにチェスを使うというのである。それで、低学年のアルメニアの生徒が必修授業の教室に入り、チェスの先生にあいさつし、同年齢の対局者に顔と顔を合わせて座り、次の一時間、一対一の試合に取

り組む様子を、私は見学した。これは週に一回の授業である。研究によれば、一五〇〇年の歴史を持つこのゲームは、より大きな「認知的能力、問題対処と問題解決能力、社会的感情的発達」[2]と関連づけられているし、同時に創造性と集中力の増進、読み書きと算数の得点の改善にも関連づけられている。ナレクとアルマンという二人の一年生を見守っているうちに、チェスがまた、共感力の認知的側面を培う力強い方法だと私は気づいた。二人は顔と顔を合わせてゲームをし、相手の次の手を想像し、感情的な手掛かりをくみ取り（「相手の様子は自信ありげか、躊躇しているか、次の手に不安があるか」）、それから、「……なら、次は」のシナリオを予想した（「もしあの駒を動かせば、次は……」）。ナレクとアルマンは基本的な視点変換のスキルを学び、同時に楽しみながらお互いの関係を築いていた。

カードゲームやボードゲームのように、相手の考えを予想するのを助ける方法を見つけるといい（「パパの次の手は何だと思う？」）。劇、ロールプレイなど、ほかの人の立場に立てるような方策を探すといい。

5．親同士の助け合いネットワークを作ろう

共感力を培うことに関しては、常に親が、子どもに影響を与える最も重要な存在である。それでは、どのようにして、共感力構築の重要性を親が認識する手助けをすることができるだろうか？

世界最大の社会起業家ネットワークAshoka（訳注：日本にも支部がある。アショカ・ジャパン

（http://japan.ashoka.org）」は、共感力の重要性を認識し、四歳から一六歳までの子どもの親を対象にする「子育ての変革者（Parenting Changemakers）」を創設した。親は同じ志を持つ人と共同体を組織し、共感や問題解決、リーダーシップ、チームワークのスキルなどを子どもが修得するのを助ける方法を発展させる。親主導のグループは「知恵のサークル（Wisdom Circles）」という名の会合を持ち、社会のために並外れたことをした子どもについての話を共有し、自分の子どもを共感力のある「変革者」として育てようと励まし合う。現在では、テキサス州に低所得者層のラテンアメリカ系の家族と共に活動する親主導のグループがあるし、ジョージタウン・デイスクールにも新来者と古参者で作るコミュニティがある。アショカは、世界中の主だった学校に変革者養成学校ネットワークを作り、共感力と変革を、生徒指導の成果の優先事項とし、それらを培う模範の役割を果たしている。

　クリシー・ガルトンは、幼児からティーンまでの子どもを持つ母親や父親と一緒に、子育て変革についての五週間の話し合いに、最近参加した。彼女は次のように言った。「これまでに行ったものとはずいぶん違う、新鮮な話し合いでした。すべきこととすべきでないことの白黒を議論するのではなく、私たちの子どもが育っている世界と、子どもが必要とするスキルを中心に話しました。」[3]

　急速に変化し、特にデジタル機器に追い立てられている世界では、子育てについての話し合いは、子育てを共感力構築にどう結び付けるかを考えさせてくれる。次に親のグループディスカッションを始めるために、仲間と一緒に話し合うテーマをいくつか挙げてみる。

・将来的に確実な仕事の見通しが立たない現在、グローバル経済の世界で子どもが必要とするスキルは何か。
・急速に変化する世界に向けて子どもを備えさせるために、親は何をすべきか。
・顔と顔を合わせる人間関係が壊れ、インターネットを通じた関係が狭量なものになっている時代に、健全な人間関係を子どもが築くために、私たちはどのような手助けをすべきか。
・異なる背景を持つ人々について子どもが視野を広げ、多様性を歓迎するようになるには、どのような方法があるか。
・成功の基準が成果と業績だけにある文化において、共感力を培うにはどうすればいいか。
・世界で起こっている人種差別と不正を子どもが理解するために、どのような手助けができるか。
・子どもに提案できるような奉仕活動には、どのようなものがあるか。
・共感力を育むのに適切なチャンスを捉えるには、どうすればいいか。

共感力を培う方法を話し合うためのグループを作るのは、一つの方法だが、その他にも創造的な方法がある。

毎月読書会を開いて、『子どもの共感力を育てる』（ブルース・ペリー、マイア・サラヴィッツ著、戸根由紀恵訳、紀伊国屋書店、二〇一二年）や本書のような本を取り上げ、そこで得た情報を自分の子育てにどう適用するかと話し合う親もいる。

共感力を培う遊びのグループを毎週、親子一緒にメンバーの家で始め、「落ち着け」「ドラゴン呼吸法」「二つの親切行為」〔前出：二四四頁〕など、毎回異なる共感力構築のスキルに焦点を当てている人たちもいる。また、学校の休みのあいだ、「ハビタット（Habitat for Humanity）」〔訳注：日本にも支部がある（http://www.habitatjp.org）〕という家を建てる奉仕活動を始めた親もいる。

子育ては難しく、孤独に感じることが多いものだが、人生で、最も重要な仕事である。共感力のある子どもを育てたいと思う他の親とつながる方法を見つけることは、非常に助けになる。

6．思いやりのある人間関係を構築しよう

子どもが相手と深い感情を共有する人間的な瞬間を、私は何回も見てきた。それはいつも強烈な瞬間なのだが、最も忘れられないものに、貧窮地区にあったシカゴの学校での経験がある。歴史の授業終了まで数分というところで最後の課題が与えられた。教師が「スポットライトの時間」と言うと、生徒はすばやく机を円形に移動して、椅子を一つ真ん中に置き、一人の子どもの名前が呼ばれた。名前を呼ばれたカーラがその椅子に座ると、私が見守っている一分間、その中学生のグループは思いやりの力を見せてくれた。一人ひとりの生徒が、まじめに真心を込めてコメントを述べて、なぜカーラがいい人なのかと、それに相応しい理由を言い合った――恰好をつけたがる年齢にとっては簡単ではないにも関わらず。その教師は、歴史の授業が優れているだけでなく、思いやり

の教え方にも優れていた。カーラはみんなにありがとうと言ったが、その後にもう一人を「スポットライト」対象者に取り上げる時間もあった。

ジェレミーの名前が呼ばれて、私の血圧が上がった。この子は問題を抱えていた――こぶしを固く握り閉め、身体はこわばり、目の下には黒い隈があった。彼はその椅子に座ったが、私はほかの子どもたちが彼の不安を感じ取ってくれるようにと祈った。子どもたちは期待を裏切らなかった。彼の仲間たちは、彼の心の痛みを読み取っただけでなく、数人は彼と同じ姿勢をとった。子どもたちは彼について心配し、彼を助ける適切な言葉を探した。子どもたちのコメントは真心がこもっていて、物柔らかで、思いやりに満ちていた。「ジェレミー、君が僕たちのクラスにいてうれしいよ。」「先週、私の本を拾うのを手伝ってくれて、ありがとう。」

三〇秒のうちに、この子に身体的変化が起こるのを私は見た。こぶしは広げられ、前より少しまっすぐに座って、ちょっと微笑みさえ見せた。これが終わると、劇的瞬間が訪れた。ジェレミーは立ち上がり、先生をハグして「このクラスがどれほど僕にとって大事なものかを、先生に知っていただきたいと思います」とささやいた。その後、「このクラスは僕の家族よりも僕にとって大事です」と静かに付け加えた。

私は涙を抑えきれなかった。すると私の隣の女の子たちが私の気持ちに気付いた。一人は私の手をさすってくれ、もう一人はティッシュを手渡してくれ、さらにもう一人が状況を説明してくれた。「ジェレミーの生活は大変で、この教室だけが、彼が本当に安全だと思える場所なの」とその子は言った。

それからほかの女の子も近寄って言った。「大丈夫よ。私たちみんな、彼が経験していることを知っているから。私たちは彼の辛さを彼と共に感じているから、彼が気遣ってもらっていると感じられるようにしてあげるの。」

共感力は、安全で、受け入れられていて、気持ちを聞いてもらえると感じられるところで開花する。温かい人間関係は、思いやりの培養器である。それだから、子どもと温かく親密な関係を持つ親は、共感力のある子どもを育てることが多い。また、肯定的な雰囲気のある教室や学校は、いじめが少なく、無視されていると感じる生徒が少ない。私たちは、家庭や学校や隣近所で、思いやりにあふれた雰囲気を作り出すためにもっと励むことができるし、しなければならない。

社会心理学者スーザン・ピンカーは著書『The Village Effect』で、社会的つながりは、平均およそ一五〇人の共同体の中が一番強いと指摘している。実際、オックスフォード大学の心理学者ロビン・ダンバーは、意味ある人間関係を築くために人間の脳が処理できる最大数を、平均一五〇人程度と提唱している[4]。私たちの「村」が崩壊し、流動的で技術化と都市化が進んでいる時、私たちが意図的に子どもたちのために思いやりのある共同体を築き、子どもが「共感力の特典」を収穫することが出来るようにすることは一層重要である。

「平和の種」に参加したティーンが私に次のように話した。「ほんの小さなことが、人を思いやる手助けをするために大きく関わっているということを、大人は時に忘れます。私たちに互いに知り合いになる機会を与えてください、時間をください。そうすれば期待を裏切ることはありません。」

7. 一人の子でも見放すことは止めよう

共感力の種は親子関係の中に植えつけられる。親子関係の中で、赤ちゃんは最初に信頼、愛着、共感、そして愛を学ぶ。よく知られている心理学者で『子どもの共感力を育てる』（戸根由紀恵訳、紀伊国屋書店、二〇一二年）の著者ブルース・ペリーは「赤ん坊も人生のこの早い時期に特定の経験をしなければ、人を慈しみ、人とつながりをもつことを学べないだろう」と述べている。[5] 親が子どもの共感指数の根源である。また、住んでいる場所に関係なく、親は一つの願い――幸せで愛し合う家庭――を共有している。しかし子どもとの関係が大変緊張したものになり、閉じられてしまうことさえある。私たちは、時おり、子どもの側から物事を見、子どもの立場に立ち、子どもの心配事、怖れ、痛みを理解するのを怠ってしまう。

ある母親は、自分の息子と経験した難しい時期を述べている。彼女と夫は難しい離婚の過程を経た。ティーンだった息子はその破局について母親を責め、彼女と話すことを拒んだ。それで、彼女は毎日息子に短いメモを書き、夜に彼の枕の上に置くことにした。試合の良い結果を祈ったり、話ができなくて寂しいと書いたり、いい一日であるように祈ったりして、いつもメモの終りは「いつも愛しています。ママより」で結んだ。

母親は何週間もメモを書き続けた。息子はそれについて何も言わなかったが、ある日のこと、彼女が仕事から帰って来た時、探し物をしていて、息子に書いたメモがすべてとってある古い箱をみつけた。同日その後で、彼女がその箱を息子に見せると、息子は泣き始めた。それまでずっと、彼は離婚の原因となったのは自分であると考え、結婚の破局について自分を責めていたのだった。

彼女は次のように言った。「息子にあのメモを書いてよかったわ。でも今振り返ってみると、自分が見過ごしていたすべての兆候に気づきました。息子は私に腹を立てていたのではなく、ただ傷つき、怯え、恥じ入っていたのでした。息子がどんな気持ちかを想像してみればよかったと、今になっては思うばかりです。」

共感は双方向に作用する。共感は実り多き人生へ向けて証明済みの大きな特典を子どもに与えることが出来るが、それとともに、親と子どもとの結びつきを強めるものである。親子関係を強める方法を見つけ、子どもとのつながりを維持するといい。そのために、本書で取り扱った九つの共感力構築の習慣を使うことを忘れないでほしい。

謝辞

中国の諺に「子どもに与えられた人生は一片の紙のようなもので、行き交う人すべてが何か印をつけていく」という、素晴らしいものがある。私自身の人生にも、これまで大変多くの人がとても意味深い印をつけてくださったので、私はほんとうに恵まれている。すべての方々が私の執筆活動を導き、完成するのを助けてくださった。次に挙げる方々に、心からの感謝を申し上げたい。

ジョエル・デルバーゴ氏。私のすばらしい代理人で、本書の企画を私が相談した瞬間から情熱を傾けて、最後まで導いてくださった。その粘り強さと根気と友情に感謝申し上げる。氏のたゆまない促しと支援がなければ、思い付きを出版へと漕ぎつけることは到底できなかったと思う。

ミシェル・ハウリ氏。本書の編集者で、この企画に対する全面的な信頼と献身、賢明な編集指針、編集のすべての段階についての卓越した洞察に感謝申し上げる。すべてのアドバイスはドンピシャリだった！　一緒に仕事をすることは喜びであり、栄誉なことだった。

本書の種は、私がカンボジアの大量虐殺刑場跡の真ん中にある椅子に腰かけたときに生まれ出た。私は現代の子どもの世界に対する徹底的な絶望感に打ちのめされた。それから、希望を提供してくれ、別な方向——善性の育て方——に私を導いてくれた少数者についての調査に巡り合った。人間性豊かな種を拾い上げてすばらしい活動をしているアン・コルビー、ウイリアム・ダモン、エバ・フォゲルマン、サムエル・オリナー、アービン・スタウブの諸氏に感謝申し上げる。また、共感力について、子どものための思いやりある共同体発展について、私の考え方に大きく寄与してくださった方々に感謝申し上げる。これらの方々の働きは、世界中の若者にとって天からの贈り物である。

調査と著作過程を通して、私の指導者となってくださった方々に特別な感謝を捧げたい。エドワード・デローシェ、トマス・リコーナ、リチャード・ワイスバード、フィリップ・ジンバルドーの諸氏である。私はどのような言葉で感謝を述べたらいいか分からない。これらの方々に正しく報いていければいいと願うばかりである。

American Program Bureauのミシェル・フェイ・スミス氏に感謝を申し上げる。いつもユーモアに富んだメールで私を笑わせ、また本書のテーマに関する講演のために、すばらしい会場を準備してくださった。

私に共感する人々が、それぞれの専門知識や調査結果を教えてくれたばかりでなく、いつも傍らで励ましてくれたことに感謝したい。企画提案から出版まで、スー・シェフ、トラディ・ルドヴィヒ、マリリン・プライス＝ミッチェル、バーバラ・ターヴェットの諸氏は、私の気持ちを高めてくれ、私の手を取り、執筆を続けさせてくれた。また、支えてくれた友人たちに、大きな感謝を捧げたい。

ジム・ダン、アカシャ・フォーセラ、テリー・ギル、ジェイニー・ネヴェラズ、ジュディス・パトリック、スー・ストラウド、ジェリー・ストラウド、サンディ・ヤングの諸氏の友情に感謝したい。〔子育て支援運動の〕「Big Bear Sanity Savers」の皆様に大きな感謝を捧げる。レティシア・ダネバーグ、シェリル・フェイ、ケイ・ジュウドライ、ゾリャナ・ペイス、ブリジッド・ホルダー（〔ホルダー家の〕デイヴ、ボブ、ダグ、ヴィンス、テリー）の諸氏は、執筆中の緊張した夏のあいだ、私を支えてくれた。最後になったが、ジュリア・ダミコと「すべての子どもに一台のパソコンを」推進運動の方々に大きな感謝を捧げたい。彼らはキガリ〔ウガンダの首都〕で共感の力を体験させてくれ、私の人生を変えてくれた。本当にありがとう。

共感力構築の方策や専門知識を分けてくださった、数えきれないほどの教育者と発案者に、私は多くを負っている。ジョーイ・カトーナ氏には、どんな感謝の言葉も十分でないほどである――彼女は私の「変革者」だ。ノア・エイブラムズ氏によるアフガニスタンの子どもについての映像は、共感力についての私の考え方を変えた。ドレイク大学レイ・センターのエイミー・シュミット氏が、彼女の最新の研究結果を常に知らせてくださったことに感謝申し上げる。Greater Good〔訳注：カリフォルニア大学バークレー校に本部を置き、思いやり、幸せ、利他的精神の源泉を研究する機関〕のヴィッキ・ザクレフスキー氏が、その専門知識を用いて喜んで助けてくださったことを心からうれしく思う。

共感力構築のためのすばらしい実践の情報を、時間を割いて分けてくださった方々に特別の感謝を申し上げたい。また、子どもの声を聞くことができるように、生徒のグループ活動を指導する機会を私に与えてくださった多くの教師と学校行政の方々に感謝申し上げる。お名前をそれぞれ挙げることは多すぎて不可能なので、ご協力くださった国のリストを挙げて感謝申し上げる。カナダ、中国、コロンビア、エジプト、英国、ドイツ、韓国、マレーシア、メキシコ、ニュージーランド、ニカラグア、フィリピン、ルワンダ、台湾、トルコ、それにアメリカ合衆国。

共感について私の目を新しい方向に向けるきっかけとなるテレビ番組を制作したＮＢＣ放送の諸氏に感謝申し上げる。

変革をもたらして、その経験を私に話してくれた若者、ケヴィン・カーウィック、トラヴィス・プライス、ミーガン・フェルト、ミルフォード高校の生徒たち、VolunTEEN Nationのシモーヌ・バーンスタインに感謝する。

最後になったが、私の人生に最も大きく消えることのない印をつけてくれた、私の家族に大きな感謝を捧げる。本書のあらゆる局面と私の人生を通して、変わらぬ支持と励ましと愛を送ってくれた夫にして最良の友であるクレイグに感謝する。新しい家族となってくれた、息子たちの愉快ですてきな妻クリスティー・ボーバとエリン・マローン、それにすばらしくて楽しい息子たちジェイソン、アダム、ザック。息子たちこそ、子育ての本当の役目とは、世界をより良くする世代を生み出すことだと認識するのを助けてくれた。息子たちはより良い世界を生み出している。あなたたちを私は誇りに思う。

道徳教育についての考察

本書が扱うのは、よく言われる「知育・徳育・体育」の区別に従うと、徳育の問題である。徳育といっても、いわゆる道徳よりは範囲が広く、道徳性の教育と社会性の教育を合わせたような範囲である。

多少背景的なことを述べておくと、道徳教育には、授業で行う狭義のものと、学校生活を通じて行われる広義のものがある。我が国の学校には道徳の授業があるが、アメリカ合衆国の少なくとも公立学校にはない。個人の内面の問題、ないし家庭の私的な価値観の領域の問題に、公的機関が立ち入るべきではないという意識がある。

この問題はさておき、徳育の問題は、見方によっては知育の問題よりも重大である。なぜなら学校教育は、少なくとも義務教育段階においては、特定の職業に向けた訓練（専門教育）ではなく、あらゆる人にとって必須の事柄を教える普通教育を行うものだからである。すると、人が一人では生きられない以上、社会で他人とともに（といって悪ければ、少なくとも折り合いをつけて）生きていくための基礎を習得することこそ、教科の教育（知育）に増して必須の事柄であろう（参照：ネル・ノディングズ『学校におけるケアの挑戦：もう一つの教育を求めて』、佐藤学監訳、ゆみる出版、二〇〇七年）。

さて、ここで根本的なことを問わなくてはならないのだが、道徳性（morality）とは何だろう（ここでは道徳と倫理は特に区別しない）。道徳性を備えた人間とはどのような資質や力や態度を備えていて、それらを育成するためにはどうしたら良いのだろう。これらは家庭と学校とを問わず教育の一大問題であり、歴史上多くの教育者や思想家が取り組んできた。

第一の問題（道徳性とは何か）に対する簡潔な答えは、「正しい理由にもとづいて、正しい（善い）ことができること」と、とりあえずまとめることができる。

私たちは困っている人を助けるなど、正しいことをしなくてはならない。しかし、これが例えば見返りを期待するなど、正しい理由によらないで行われるのであれば、それは打算であって道徳性ではない。また、見過ごされがちではあるが、善いことや人のためになることをしようという意図があっても、それが自分の価値の押し付けで、相手が本当に必要としている帰結をもたらさないのであれば、やはり道徳的行為とは言い難い。

正しい理由（意図）を強調する立場は、イマニュエル・カントの考え方に代表される。これに対して、正しい行為（帰結）を強調する立場は、功利主義と呼ばれ、ジェレミー・ベンサムやミル父子の考え方に代表される。通常は、意図と帰結、どちらも必要だと考えられている。前者が必要なことは比較的分かりやすいが、後者もやはり必要なことは、先の熊本地震の際に、ボランティアに関連して問題になったのが記憶に新しい。震災にあった人たちを助けたいという気持ちでボランティア活動のため現地に赴きたいのは分かるが、場合によっては、これは迷惑にすらなり得る。食料や寝泊まりの場所が不足しているところに、外部の者が押しかけたら、ただでさえ不足している施設や物資がさらに不足する事態になりかねないからである。誰かを助けたいという意図（善意）は大切だが、それが実際にその誰かを助ける帰結（効果）に結びつかなくてはいけない。気持ちや意図の問題の陰にあって忘れられがちだが、道徳性は知性（知識や判断力）とも切り離せないのである。

さて、徳育と言うと、何が「正しいこと」なのかを子どもに知らしめ、それに従って判断したり行動したりできるようにすることだと考えられがちである。そして、この「正しいこと」を簡潔なリストにまとめたものがいわゆる「徳目」である。学校でももちろん目にするが、例えばボーイスカウトの「おきて」が典型的であろう。

1. スカウトは誠実である
2. スカウトは友情にあつい
3. スカウトは礼儀正しい
4. スカウトは親切である

5. スカウトは快活である
6. スカウトは質素である
7. スカウトは勇敢である
8. スカウトは感謝の心を持つ

（参照：ボーイスカウト日本連盟ＨＰ：
https://www.scout.or.jp/whats_scouting/scoutmovement_educationalsystem.html）

これら徳目の一つ一つは、誰が見ても「善い」または「正しい」価値である。例えば「誠実」という価値に対して異論を唱えることは難しい。そして、徳育というと、えてしてこのような徳目を覚え、具体的な場面に当てはめ、自分を律する基準として心に染み込ませることだと思われがちである。例えば道徳的な判断が必要な場面を描いた文章を読んで、登場人物の気持ちを推し量ったり、自分ならどう判断したり行動したりするかを、徳目に即して答えられることがその価値を習得したことの目印とされる。

徳目は具体的な一事例に関して何が正しいのかではなく、あらゆる事例を通じて通用する――理論の世界では、よく、「一般化（generalize）できる」と言う――原則・法則を目指したものである。道徳性とは何かをめぐる問いは、普遍的な道徳的原則は何であるかを問う、道徳哲学的な問題と長くされてきた。ソクラテスが善の具体的な事例ではなく善そのものを問うたのは（プラトンの『国家』を参照)、このように普遍性を志向する古典的な例だが、先にあげたカントやミルの考え方、さらにはジョン・ロールズの「正義論」や、ローレンス・コールバーグの道徳性の発達段階説も同様である(もっとも、近現代の理論は、徳目のような正しさや善の実質的な内容を特定することは諦めて、ロールズに典型的に見られるように手続き的な公正さを求める傾向が強いことは付言しておく)。

しかしこのような、一般的な正しさや善《よ》さに注目することには、いくつか問題がある。

第一に、一つ一つを取り上げてみれば正しい価値であっても、実際の道徳的判断が求められる場面では、そのどれに従って判断ないし行動すればよいのかを示してはくれないことがある。後で紹介するが、コールバーグの「モラル・ジレンマ」は、一般的に「正しい」ことが、実際の具体的な問題についての道徳判断が必要な場面で、必ずしも導きの糸にならないことを気づかせてくれるところに特徴がある。

第二に、一般的に何が正しいかを名指せることは、必ずしも道徳性を身につけていることを保証しない。コールバーグの価値体系では比較的高いレベルの道徳的推論ができたのに、実際の行動が合致していなかった生徒にボーバ自身かつて出会ったと言っている(第2章)。

そこで、一般的に言って何が正しいかではなく、具体的な問題に直面したときに、これらの原則がどのように判断や行動を導いたり妨げたりするのか、また、道徳的に判断したり行為したりするためには、徳目に表される価値を知っていることに加えて何が必要なのかを考える必要が出てくる。

「ケアの倫理」と呼ばれる道徳教育理論は、まさにこのような問題を問うている。これはコールバーグの下で研究していたキャロル・ギリガンをはじめ、教育哲学者ネル・ノディングズやミルトン・メイヤロフらが先駆的に提唱した理論である。ボーバは必ずしもケアの倫理に依拠していないが、考え方としては似ている。ボーバが理論的な研究の際に熱中し、その後実践に際して限界を思い知ったというコールバーグ理論とからめて解説するのが妥当だろう。

ローレンス・コールバーグ（Lawrence Kohlberg, 1927-87）はジャン・ピアジェ（Jean Piaget, 1896-1980）の認知的発達段階説を道徳性の発達に応用した。子どもはどのように道徳を理解し、道徳性を向上させるのかという問題である。

コールバーグは「ハインツのジレンマ」と呼ばれる有名なモラル・ジレンマを様々な年齢層に提示し、彼らの回答から、道徳的推論の能力には発達段階があると論じた。

ハインツという男の妻が癌で死にかけていた。ある薬屋が最近開発した薬を飲めば助かる可能性があるのだが、その薬の開発にはたいへんなお金がかかっているので、薬屋は、開発費の一〇倍の値段でなければ売れないと言う。ハインツは知り合いにお金を借りてまわったが、値段の半分しか集めることができなかった。彼は自分の妻が死にかけていることを薬屋に話し、値段を下げるか、支払いを延期してくれるよう頼んでみた。しかし、薬屋は譲らない。絶望的に思ったハインツは、その薬を盗みに薬屋に押し入った。

質問1：ハインツはそうすべきだったか（ハインツの行動は道徳的に正しいか）。
質問2：どうしてそう思うのか（正しい／誤っていると判断する理由は何か）。

コールバーグはこのジレンマに対する回答を、ピアジェの発達段階説を応用したスケールに従って、六段階に分類した（ローレンス・コールバーグ『道徳性の形成』、永野重史監訳、新曜社、一九八七年）。ピアジェの考え方は、自己中心性から離れること（つまり、客観的な視点が獲得できているかどうか）を認知的発達と見なすものである。これを応用したコールバーグの道徳性発達段階説も、賞罰のような自己中心的な価値判断から、グループやコミュニティの規則に従うこと、さらに一般化可能な道徳的原則による判断へという「自己中心性から普遍性へ」という方向性を道徳的成長と見なしている。「ハインツのジレンマ」に対する回答を、このスケールに照らし合わせることで、その個人の道徳性の発達段階が診断できる。コールバーグの調査によると、低年齢の児童は賞罰にもとづいて判断をすることが多く、道徳性の発達段階が低いとされる。そこで、より高次の判断を行えるよう導くことが目指される（もっとも、最高次の判断をできるのは、キング牧師やマザー・テレサのような例外的な人物とされる）。

しかし、よく考えると、この発達段階説ですら普遍的とまでは言えないのではなかろうか。ここには、ある種の文化的な価値観が反映された道徳観が見られるのではないか。

コールバーグに教えを受け共同研究者でもあったキャロル・ギリガンは、コールバーグの発達段階説を二つの点で批判する。第一に、彼は自立した個人が普遍的な価値に照らして行う判断を道徳性の中心に据えており、道徳性が他者との関係において問題になりがちであることを軽視していると指摘する。第二に、このような観点は、近代西洋的な男性中心の価値観を色濃く反映していると批判する（『もうひとつの声―男女の道徳観のちがいと女性のアイデンティティ』、岩男寿美子訳、川島書店、一九八六年。山岸明子「付論　コールバーグ理論の新しい展開――主としてギリガンの批判をめぐって」、コールバーグ『道徳性の形成』、198―208頁）。つまり、コールバーグの理論はカントやミルのものと同様、道徳性とは何かという問題について一つの強力な考え方を述べているのだが、それが前提としている価値観には疑問を呈することができ、また、彼の理論では扱いきれない事例もかなりあるのである。

　さらに、どうしたらそのような道徳性に向けて生徒を導けるのかという問題（道徳教育の問題）について、説得的な答えを与えられていない。モラル・ジレンマを利用した授業には効果があるという意見もあるが（書店の道徳教育のコーナーにはモラル・ジレンマによる指導法の本が多数見られる）、少なくとも先に挙げたボーバ自身の生徒の事例を見れば、コールバーグの基準で高次とされる答えを述べたからといって、その人物がそれに見合う道徳性を発揮できるとは限らない。

　ケアの倫理はここに重大な問題があると考える。正しいとされる道徳的な価値を知っていることは、道徳的な価値観の習得に向けて動機づけることを必ずしも保証できないのである。この問題に対するケアの倫理の回答は、自分が人と人との関係の中に生きており、その関係を維持したいという心情に着目することである。道徳性は、人と人（自分と相手）とが、無関係に生きているのではなく、共にあり続けることを価値とする場合に問題になる。しかし、相手に対する共感は、コールバーグのスケール（コールバーグ前掲書、44頁）では「対人的同調」という比較的低い段階（下から三番目、「よい子志向」とも言われる）に入っていると見なさざるを得ず、コールバーグの行った調査では、男性よりも女性がこのような判断をすることが多かったのである。

したがって、ケアの倫理は、「あなたが人にしてもらいたいように、あなたも人にしなさい」という聖書からカントにまで見られる普遍性を志向する論理（自分が相手に対して今しようとしていることを、自分に対してされてもいいか、また、これは、いつでも、どこでも、誰にとっても正しいことだろうか？）を、より具体的な人と場面に密着した形で問うべきだとする。この問題ついて、この場面で、自分が思いやる相手はどう感じ、考え、どうしたいと思っているだろうかということを、（誤解を招く言い方かもしれないが）理性よりも、共感的に、思いやりを持って、個別的に考えることによって道徳性は達成されるというのである。

モラル・ジレンマに正しく答えられたのに、正しく行動できなかった子に対してボーバの感じた疑問は、こう考えると腑に落ちる。つまり、道徳性を身につけるとは、何が正しいのかを頭で分かるだけではなく、他人への配慮や共感によって、自らを道徳的に動機づけるところへ持っていくものでなくてはならない。そのためには、他者とともに、他者と折り合いをつけながら生活することが、目的であるとともに手段にもなる。第7章で社会心理学者エリオット・アロンソンの言葉が引用されているように、「あのニキビだらけで背が低くて太った子は、実はいい子なのだと何回も繰り返し言ったとしても、その子がグループの中にいて、実は心が温かくて、おもしろくて、賢いのだと肌で知ることの代わりにはならない」のである。SNSやセルフィに象徴される、顔と顔を合わせない「コミュニケーション」が主流の、「私」中心で、自分のエゴばかりが膨張するような状況は、お互いについて「肌で知る」ことをもたらさない。

ここで興味深いのは、アロンソンの「ジグソー法」である。この方法は、目的である他者との共生を、手段として使ってしまおうとするものである。そこには「悲しいから泣くのではなく、泣くから悲しいのだ」という人間の心理（「自己正当化」と呼ばれる、心理的な働き）を応用して、まず協力せざるを得ない状況に子どもたちを入れてしまい、実際に協力することによって相手に対する認識を変えたり、思いやるようになることを狙うという目論見がある（第7章に紹介されていた、ムザファー・シェリフの実験を参照のこと。また、以下も参照：エリオット・アロンソン&シェリー・パトノー『ジグソー法ってなに？―みんなが協同する授業』、昭和女子大学教育研究会訳、丸善プラネット、二〇一六年。高屋景一「社会性・道徳性を涵養するジグソー・クラスルームの論理：「ケアの倫理」との比較から」、*Walpurgis* 2011、國學院大學外国語研究室・外国語文化学科、二〇一一年、73―86頁）。

したがって、道徳性や社会性の育成は、徳目を教え込むような方法では到底手に負えないし、モラル・ジレンマに取り組ませる方法でも、やはり不十分である。ここで求められるのは、第一に、顔と顔を合わせてコミュニケーションしながら、人と折り合いをつけながら生活したり共同作業したりすることである。さらに、相手を思いやる言葉を互いに交わすような経験を積み重ねることも大切である（ケアの倫理が説くように、人にケアしてもらった記憶によって、人をケアしようという動機が生じる基礎になる）。もちろん、第４章でまとめて紹介されているように、思いやる気持ちなどに注目した本や、モラル・ジレンマのような方法も大いに役に立つだろう。しかし、基本はやはり、共に生活する場面での広い意味の道徳教育にある。それには学校を超えて、家庭や近隣のコミュニティまで巻き込む必要がある。

コミュニティ

アメリカ合衆国は個人主義の国で、自分優先の国だと思われがちだが、アメリカの近所付き合いは概して現在の日本社会よりも密接だと言える。超富裕層は門から家が見えないほどの広大な敷地に住んでいて、塀に囲まれて過ごしていることもあるが、普通の中流家庭あるいはスラムに近い貧困家庭は塀や柵を設けず、開放的である。また、引っ越してきた人を、元から住んでいる人がクッキーなどをもって先に訪問し、「何かお手伝いできることがあったら、いつでもどうぞ」などと声をかける。日本では逆に、引っ越ししてきた人はその地域に受け入れられるかどうか不安いっぱいで、どちらかというと腰を低くして、タオルなど近所に配りながら、「どうぞ、よろしく（＝受け入れてください）」と挨拶して回る。都会ではなくなりつつある風習かもしれないが、田舎では今も根強い。

ボーバは隣り近所での映画会などを提案しているが、これはアメリカの近所付き合いの現状を考えれば、実現可能な方法だろう。現在の日本、特に都会でできるだろうか。庭での映画会は不可能としても、ビデオ鑑賞会をして近所の人が家に集まれるような雰囲気の近所付き合いが、あるだろうか。子育て中の家庭なら、学校を中心とした地域の付き合いもあり、可能だろうか。

日本の近所付き合いは、江戸時代の五人組や戦時中の隣組など、上から与えられた組織という側面が強い。それに比してアメリカの近所付き合いは、もともと移民で生まれた社会なので、自然発生的に、自分たちが生き抜く必要から生まれた互助の関係にもとづくのだろう。アメリカ人は個人主義的だと思われがちだが、コミュニティ意識が今も存続しているのに対して、日本人は昔からの付き合い方やコミュニティ意識を失い、急速に孤立しつつある。日本のＰＴＡなどいい例だろう。自発的であることが忘れられるか隠されさえするので、嫌々顔を出すということになる。

これだけ見れば、日本人は互助の関係やコミュニティを失いつつあるとしか思えない。しかし希望がないわけではない。近所付き合いは依然としてあまり積極的に行われていないが、以前と違って最近は、隣組的な付き合いを喜んでしなくとも、ＮＰＯやボランティア活動に参加する人が増えていて、志を同じくする人々のコミュニティがあちこちにできあがりつつあるように感じる。古い付き合い方から脱皮して、新しい付き合い方を模索している時代が日本の今だと言うこともできるかもしれない。話が飛ぶようだが、日本のＰＴＡ活動は思い切って自発的にやりたいと思う人に任せたらどうかと思う。クラブ活動でさえ地域を巻き込んだ新しい形を模索している時代である。PTA活動やクラブ活動を、ボランティアによるコミュニティづくりの実践として作り直したらどうだろう。

道徳性や社会性の育成で目指されているのは、民主主義的な社会に生きる者にとって必要な資質や性格や能力である。そのためには、子どもが、時に大人の手も借りつつ民主主義的なコミュニティ作りに参加し、その過程で必要な価値観や知識や行動様式を学びとっていく必要がある。先に徳育と言ったが、それは教科書や、ましてや徳目を教え込むことによってできることではなく、個人が試行錯誤を通じて、さらに広い社会に参加しその影響を受けることによって可能になる。そのために、徳育は授業の改革だけでなく、より広く、社会における人付き合いの仕方を変革することによって行われなくてはならない。

コミュニティを復活させるための活動を開始するには、やはり本書に詳しく述べられているような具体例を参考に考え、自覚的に行動する必要があろう。ボーバも言うように「変革者」になるには勇気が要る。この本が、そのような勇気ある人の参考になればと思う。

22. Shanker Vedantam, "Why Your Brain Wants to Help One Child in Need ? But Not Millions," NPR, November 5, 2014.

おわりに：共感力の特典

1. Fiona Macdonald, "The Skate Girls of Kabul," BBC, May 5, 2015.
2. R. Aciego, L. Garcia, and M. Betancort, "The Benefits of Chess for the Intellectual and Social-Emotional Enrichment in Schoolchildren," *Spanish Journal of Psychology* 15, no. 2, 2012, pp.551-59.
3. Chrissy Garten, "Beyond Peek-a-Boo: Mastering More Complex Lessons, Like Teaching Empathy," *Christian Science Monitor*, November 3, 2014.
4. Susan Pinker, *The Village Effect: How Face-to-Face Contact Can Make Us Healthier, Happier and Smarter*. Random House, 2014.
5. ブルース・D・ペリー，マイア・サラヴィッツ『子どもの共感力を育てる』，戸根由紀恵訳，紀伊国屋書店，2012年, p.14.

ing Less, Giving More: The Influence of Social Class on Prosocial Behavior," *Journal of Personality and Social Psychology* 99, no. 5, November 2010, pp. 771-84.
9. Lisa Esposito, "Unhappy Kids Are More Materialistic, Study Finds," *HealthDay*, August 21, 2012.
10. Rachael Rettner, " 'Helicopter' Parents Have Neurotic Kids, Study Suggests," *LiveScience*, June 3, 2010.
11. L. M. Padilla-Walker and L. J. Nelson, "Black Hawk Down? Establishing Helicopter Parenting as a Distinct Construct from Other Forms of Parental Control During Emerging Adulthood," *Journal of Adolescence* 35, no. 5, October 2012, pp. 1177-90.
12. Terri LeMoyne and Tom Buchanan, "Does 'Hovering' Matter? Helicopter Parenting and Its Effect on Well-Being," *Sociological Spectrum* 31, no. 4, 2011, pp.399-418.
13. "Born Good? Babies Help Unlock the Origins of Morality," CBS News, November 18, 2012.
14. F. Warneken and M. Tomasello, "Helping and Cooperation at 14 Months of Age," *Infancy* 11, no. 3, 2007, pp.271-94.
15. Karina Schumann, Jamil Zaki, and Carol S. Dweck, "Addressing the Empathy Deficit: Beliefs About the Malleability of Empathy Predict Effortful Responses When Empathy Is Challenging," *Journal of Personality and Social Psychology* 107, no. 3, 2014, pp.475-93.
16. Nancy Eisenberg and Paul H. Mussen, *The Roots of Prosocial Behavior in Children*. Cambridge University Press, 1996, p.155.
17. Craig Kielburger and Marc Kielburger, *Me to We: Finding Meaning in a Material World*. Simon & Schuster, 2006, p.13.
18. "California Teen Collects 25, 000 Books in Book Drive, Inspires Others," ABC News, July 22, 2015.
19. E.g. "Third Grader Raises Money for Hot School Lunches for Low-Income Kids," Michigan Radio, March 7, 2014.
20. Jennifer Marino Walters, "Buddy Bench," Scholastic, December 13, 2013.
21. Kimberly Yam, "Boy Collects 79 Coats for Homeless Families, Inspired by a Random Act of Kindness," *Huffington Post*, December 17, 2017.

6. J. M. Darley and C. D. Batson, "'From Jerusalem to Jericho': A Study of Situational and Dispositional Variables in Helping Behavior," *Journal of Personality and Social Psychology* 27, no. 1, 1973, pp.100-108.
7. Maria Plotner, Harriet Over, Malinda Carpenter, and Michael Tomasello, "Young Children Show the Bystander Effect in Helping Situations," *Psychological Science* 26, no. 4, 2015, pp.499-506.
8. Ervin Staub (Ed.), *The Psychology of Good and Evil: Why Children, Adults, and Groups Help and Harm Others*. Cambridge University Press, 2003, pp.240-43.
9. Ron Arias, "Five-Year-Old Rocky Lyons, Son of the Jets' Star, Thought He Could Save His Mom's Life-and He Did," *People*, December 14, 1987.
10. Oliner and Oliner, *The Altruistic Personality*.
11. Amanda Ripley, *The Unthinkable: Who Survives When Disaster Strikes-and Why*. Harmony, 2009, p.75.
12. 映画 *We Bought a Zoo*, 20th Century Fox, 2012.『幸せへのキセキ？動物園を買った家族の物語』（小野麻子訳, 興陽館, 2012年）.

第９章：共感力のある子は変革をもたらしたいと思う

1. Frank and Janet Ferrell, *Trevor's Place: The Story of the Boy Who Brings Hope to the Homeless*. Harper & Row, 1985, p.114.
2. Harry Readhead, "Boy, 8, Raises $1 Million to Help Research Best Friend's Incurable Disease," Metro News, December 17, 2014.
3. Mary Murray, "American Girl, Just 12, Builds 27 Homes in Haiti," NBC News, November 14, 2011.
4. "3 Young Wonders Changing the World," CNN, December 16, 2013.
5. E.g. Erin Anderssen, "Doing Good Deeds Can Improve Health, Make You Happier, Scientists Suggest," *Globe and Mail*, January 15, 2005.
6. E.g. J. M. Twenge, S. Konrath, J. D. Foster, W. K. Campbell, and W. B. Bushman, "Egos Inflating over Time: A Cross-Temporal Meta-Analysis of the Narcissistic Personality Inventory," *Journal of Personality* 76, no. 4, 2008, pp.875-903.
7. Keith Perry, "One in Five Children Just Want to Be Rich When They Grow Up," *Telegraph*, August 5, 2014.
8. E.g. P. K. Piff, M. W. Kraus, S. Cote, B. H. Cheng, and D. Keltner, "Hav-

April 2010.
10. Clifton B. Parker, "School Recess Offers Benefits to Student Well-Being, Stanford Educator Reports," press release, Stanford University, February 11, 2015.
11. Kenneth R. Ginsberg, "The Importance of Play in Promoting Healthy Child Development and Maintaining Strong Parent-Child Bonds," *Pediatrics* 119, January 2007.
12. M. Sherif, O. J. Harvey, B. J. White, W. R. Hood, and C. W. Sherif, *Intergroup Conflict and Cooperation: The Robbers Cave Experiment*, vol. 10. University Book Exchange, 1961.
13. "Muzafer Sherif, 82, Psychologist Who Studied Hostility of Groups," *The New York Times*, October 27, 1988.
14. Elliot Aronson, *Nobody Left to Hate: Teaching Compassion After Columbine*. Worth Publishers, 2000, pp.149-51.
15. Norah Rabiah, "School-wide Morning Meetings," *The Maury Messenger*, March 2015.
16. Richard Weissbourd and the Making Caring Common Team, "Leaning Out: Teen Girls and the Leadership Bias," Making Caring Common Project, Harvard Graduate School of Education, August 2015.

第８章：共感力のある子は断固たる態度をとる

1. Andrew Martin, "Courage in the Classroom: Exploring a New Framework Predicting Academic Performance and Engagement," *School Psychology Quarterly* 26, no. 2, June 2011, pp.145-60.
2. E.g. D. Lynn Hawkins, Debra J. Pepler, and Wendy M. Craig, "Naturalistic Observations of Peer Interventions in Bullying," *Social Development* 10, no. 4, 2001, pp.512-27.
3. Wendy M. Craig and Debra J. Pepler, "Observafions of Bullying and Victimization on the Playground," *Canadian Journal of School Psychology* 2, pp.41-60.
4. E.g. G. R. Janson and R. J. Hazler, "Trauma Reactions of Bystanders and Victims to Repetitive Abuse Experiences," *Violence and Victims* 19, no. 2, 2004, pp.239-55.
5. B. Latane and J. Darley, "Bystander 'Apathy, '" *American Scientist* 57, no. 2, 1969, pp.244-68.

Academy of Sciences 107, no. 12, March 8, 2010, pp.5334-38.
4. Eric Barker, "How to Raise Happy Kids: 10 Steps Backed by Science," *Time*, March 24, 2014.
5. Sonja Lyubomirsky, *The How of Happiness: A Scientific Approach to Getting the Life You Want*. Penguin, 2008.
6. K. Layous, S. K. Nelson, E. Oberle, K. A. Schonert-Reichl, and S. Lyubomirsky, "Kindness Counts: Prompting Prosocial Behavior in Preadolescents Boosts Peer Acceptance and Well-Being," *PLoS ONE* 7, no. 12, 2012, e51380.
7. Nancy Eisenberg, *The Caring Child*. Harvard University Press, 1992.
8. Ervin Staub, *The Development of Prosocial Behavior in Children*. General Learning Press, 1975.

第７章：共感力のある子は「あの人たち」ではなく「私たち」と考える

1. Rebecca A. London, Sebastian Castrechini, Katie Stokes-Guinan, and Lisa Westrich, "Findings from an Experimental Evaluation of Playworks: Effects on Play, Physical Activity and Recess," Mathematica Policy Research, Robert Wood Johnson Foundation, May 2013.
2. Roman Krznaric, *Empathy: A Handbook for Revolution*. Rider, 2014, p.73.
3. Kohn, *The Brighter Side of Human Nature*, p.93.
4. Richard Sennett, *Together: The Rituals, Pleasures and Politics of Cooperation*. Allen Lane, 2012, p.6.
5. William J. Doherty, "Overscheduled Kids, Underconnected Families: The Research Evidence," Putting Family First, May 2006.
6. Christine Gross-Loh, *Parenting Without Borders: Surprising Lessons Parents Around the World Can Teach Us*. Penguin, 2014, pp.148-149.
7. Jeremy Rifkin, *The Empathic Civilization: The Race to Global Consciousness in a World in Crisis*. Jeremy P. Tarcher, 2009, p.94.
8. Jane E. Barker, A. D. Semenov, L. Michaelson, L. S. Provan, H. R. Snyder, and Y. Munakat, "Less-Structured Time in Children's Daily Lives Predicts Self-Directed Executive Functioning," *Frontiers in Psychology* 5, June 17, 2014, p. 593.
9. Centers for Disease Control and Prevention, *The Association Between School-Based Physical Activity, Including Physical Education, and Academic Performance*. US Department of Health and Human Services,

第５章：共感力のある子は冷静を保てる

1. Jonah Lehrer, "Don't!," *The New Yorker*, May 18, 2009.
2. "Stressed in America," *Monitor on Psychology*, January 2011.
3. Lawrence J. Cohen, "The Drama of the Anxious Child," *Time*, September 26, 2013.
4. Ron Taffel, *Nurturing Good Children Now*. Golden Books, 1999.
5. Nick Bilton, "Looking at Link Between Violent Video Games and Lack of Empathy," *The New York Times*, June 15, 2014.
6. Alice Park, "How Playing Violent Video Games May Change the Brain," *Time*, December 2, 2011.
7. Ellen Galinsky, *Ask the Children*. Morrow, 1999.
8. Katrina Schwartz, "Age of Distraction: Why It's Crucial for Students to Learn to Focus," KQED News: "Mindshift," December 5, 2013.
9. Dan Stober, press release, Stanford University, "Multitasking May Harm the Social and Emotional Development of Tweenage Girls, But Face-to-Face Talks Could Save the Day, Say Stanford Researchers," January 25, 2012.
10. Y. Shoda, W. Mischel, and P. K. Peake, "Predicting Adolescent Cognitive and Self-Regulatory Competencies from Preschool Delay of Gratification," *Developmental Psychology* 26, no. 6, 1999, pp. 978-86.
11. Terrie E. Moffitt, Richie Poulton, and Avshalom Caspi, "Lifelong Impact of Early Self-Control," *American Scientist*, September-October 2013, pp. 353-59.
12. Richard J. Davidson with Sharon Begley, *The Emotional Life of Your Brain*. Penguin, 2013, p. 161.
13. Cynthia McFadden, Tim Sandler, and Elisha Fieldstadt, "San Francisco Schools Transformed by the Power of Meditation," NBC News, January 1, 2015.
14. Amy Novotney, "The Price of Affluence," *Monitor on Psychology*, January 2009.

第６章：共感力のある子は親切を実行する

1. Stephanie Castillo, "13 Ways to Be Nicer," *Prevention*, June 7, 2012,
2. Richard Weissbourd and Stephanie Jones, "The Children We Mean to Raise: The Real Messages Adults Are Sending About Values," Making Caring Common Project, Harvard Graduate School of Education, 2014.
3. James H. Fowler and Nicholas A. Christakis, "Cooperative Behavior Cascades in Human Social Networks," *Proceedings of the National*

第４章：共感力のある子は道徳的想像力がある

1. Stuart J. Ritchie and Timothy C. Bates, "Enduring Links from Childhood Mathematics and Reading Achievement to Adult Socioeconomic Status," *Psychological Science* 24, no. 7, July 2013, pp.1301-8.
2. Jonathan Douglas, "The Importance of Instilling a Need to Read," *Daily Telegraph*, May 4, 2013.
3. Liz Bury, "Children's Bedtime Stories on the Wane, According to Survey," *Guardian*, September 11, 2013.
4. Greg Toppo, "Techie Tykes: Kids Going Mobile at Much Earlier Age," *USA Today*, November 2, 2015, 3B.
5. Julie Bosman, "Picture Books No Longer a Staple for Children," *The New York Times*, October 7, 2010.
6. Common Core Standards のテストでは、重点がノンフィクションに移っている。Joel Stein, "How I Replaced Shakespeare and Why Our Kids May Never Read a Poem as Lovely as a Tree," *Time*, December 10, 2012, p.67.
7. Julianne Chiaet, "Novel Finding: Reading Literary Fiction Improves Empathy," *Scientific American*, October 4, 2013.
8. Annie Murphy Paul, "Reading Literature Makes Us Smarter and Nicer," *Time*, June 3, 2013.
9. Raymond A. Mar, Jennifer L. Tackett, and Chris Moore, "Exposure to Media and Theory-of-Mind Development in Preschoolers," *Cognitive Development*, January-March 2010, pp.69-78.
10. E.g. David Comer Kidd and Emanuele Castano, "Reading Literary Fiction Improves Theory of Mind," *Science* 342, no. 6156, 2013, pp.377-80.
11. Gregory S. Berns, Kristina Blaine, Michael J. Prietula, and Brandon E. Pye, "Short- and Long-Term Effects of a Novel on Connectivity in the Brain," *Brain Connectivity* 3, no. 6, 2013, pp.590-600.
12. N. K. Speer, J. R. Reynolds, K. M. Swallow, and J. M. Zacks, "Reading Stories Activates Neural Representations of Perceptual and Motor Experiences," *Psychological Science* 20, no. 8, 2009, pp.989-99.
13. Keith Oatley, "A Feeling for Fiction," in *The Compassionate Instinct*. Ed. by Dacher Keltner, Jason Marsh, and Jeremy Adam Smith, W. W. Norton & Co., 2010.
14. Sam Parker, "Children Find Books 'Embarrassing' and Are Reading Less Than 7 Years Ago, Report Suggests," *Huffington Post*, July 9, 2012.

15. J. Philippe Rushton, "Generosity in Children: Immediate and Long-Term Effects of Modeling, Preaching and Moral Judgment," *Journal of Personality and Social Psychology* 31, no. 3, March 1975, pp.459-66.
16. Bruce Feiler, *The Secrets of Happy Families*. William Morrow, 2013, p.70.
17. Laura A. King and Joshua A. Hicks, "Narrating the Self in the Past and the Future: Implications for Maturity," *Research in Human Development* 3, nos. 2-3, 2006, pp.121-38.

第３章：共感力のある子はほかの人の要求が分かる

1. William Peters, *A Class Divided: Then and Now*. Yale University Press, 1971.
2. Stephen G. Bloom, "Lesson of a Lifetime," *Smithsonian*, September 2005, pp.82-92.
3. M. L. Hoffman, *Empathy and Moral Development: Implications for Caring and Justice*. Cambridge University Press, 2000, p.140.
4. Susan Campbell, "Spare the Rod?" *Psychology Today*, September 2002.
5. E.g. C. A. Taylor, J. A. Manganello, S. J. Lee, and J. C. Rice, "Mothers' Spanking of 3-Year-Old Children and Subsequent Risk of Children's Aggressive Behavior," *Pediatrics* 125, no.5, 2010, e1057-65,
6. Hilary Stout, "For Some Parents, Shouting Is the New Spanking," *The New York Times*, October 21, 2009.
7. Elizabeth Dougherty, "Cutting Words May Scar Young Brains: Parental Verbal Abuse of Child Appears to Damage Cerebral Pathways," *Harvard Medical School News*, February 20, 2009.
8. Daniel Siegel and Tina Payne Bryson, "Time-Outs Are Hurting Your Child," *Time*, September 23, 2014.
9. Alfie Kohn, *The Brighter Side of Human Nature*. Basic Books, 1990, p.203.
10. M. L. Hoffman, *Empathy and Moral Development: Implications for Caring and Justice*. Cambridge University Press, 2000.
11. C. Zahn-Waxler, M. Radke-Yarrow, and R. A. King, "Child Rearing and Children's Prosocial Initiations Toward Victims of Distress," *Child Development* 50, no. 2, 1979, pp.319-30.
12. E. Stotland, "Exploratory Investigations of Empathy," in *Advances in Experimental Social Psychology*, vol. 4. Ed. by Leonard Berkowitz, Academic Press, 1969, pp.271-313.

18.『女の子どうしって、ややこしい』(鈴木淑美訳, 草思社, 2003年) の著者レイチェル・シモンズが主催する「女の子のためのリーダー養成研究所」で採用している方法。

第2章：共感力のある子は道徳的自己認識がある

1. 50年後の再検証によれば、警察の報告書には大きな誤りがあった。複数の証人がいて、助けに入った者も確かにいた。
2. Chesley Sullenberger, *Highest Duty: My Search for What Really Matters*. William Morrow, 2009, p.152.
3. Public Agenda, "Americans Deeply Troubled about Nation's Youth; Even Young Children Described by Majority in Negative Terms," press release, June 26, 1997.
4. Jean M. Twenge and W. Keith Campbell, *The Narcissism Epidemic: Living in the Age of Entitlement*. Free Press, 2009.
5. Jeff Grabmeir, "How Parents May Help Create Their Own Little Narcissists," The Ohio State University, March 9, 2015.
6. Ellen Greenberger, Jared Lessard, Chuansheng Chen, and Susan P. Farruggia, "Self-Entitled College Students: Contributions of Personality, Parenting and Motivational Factors," *Journal of Youth and Adolescence* 37, 2008, pp.1193-1204.
7. Jeffrey Zaslow, "The Most-Praised Generation Goes to Work," *Wall Street Journal*, April 20, 2007.
8. S. P. Oliner and P. M. Oliner, *The Altruistic Personality: Rescuers of Jews in Nazi Europe*. Free Press, 1988, pp.164-68.
9. S. P. Oliner, *Do Unto Others: Extraordinary Acts of Ordinary People*. Westview Press, 2003, p. 43.
10. Thomas Lickona, *Character Matters*. Simon & Schuster, 2004, p.19.
11. Kristen Renwick Monroe, *The Heart of Altruism: Perceptions of a Common Humanity*. Princeton University Press, 1996, p.3.
12. Anne Colby and William Damon, *Some Do Care: Contemporary Lives of Moral Commitment*. Free Press, 1992.
13. E.g. Philip Zimbardo, *The Lucifer Effect*. Random House, 2008.
14. J. E. Grusec and E. Redler, "Attribution, Reinforcement, and Altruism: A Developmental Analysis," *Developmental Psychology* 16, no. 5, September 1980, pp.525-34.

社，1996.
4. ジョン・ゴットマン『0歳から思春期までのEQ教育』，戸田律子訳，講談社，1998.
5. E.g. Victoria J. Rideout, Ulla G. Foehr, and Donald F. Roberts, "Generation M2: Media in the Lives of 8- to 18-Year-olds," Kaiser Family Foundation, January 2010.
6. USC Annenberg Center for the Digital Future, "Family Time Decreasing with Internet Use," 2009.
7. E.g. J. Dunn, J. Brown, C. Slomkowski, C. Tesla, and L. M. Youngblade, "Young Children's Understanding of Other People's Feelings and Beliefs: Individual Differences and Their Antecedents," *Child Development* 62, no. 6, 1991, pp. 1352-66.
8. William Pollack, *Real Boys*. Henry Holt and Co., 1998, p. 346.
9. "National Survey Reveals 62% of Kids Think Parents Are Too Distracted to Listen," *Highlights*, October 8, 2014.
10. Jenny S. Radesky, C. J. Kistin, B. Zuckerman, K. Nitzberg, J. Gross, M. Kaplan-Sanoff, M. Augustyn, and M. Silverstein, "Patterns of Mobile Device Use by Caregivers and Children During Meals in Fast Food Restaurants," *Pediatrics* 133, no. 4, March 10, 2014, e843-49.
11. Dimitri Christakis et al., "Audible Television and Decreased Adult Words, Infant Vocalizations, and Conversational Turns: A Population-Based Study," *Archives of Pediatrics and Adolescent Medicine* 163, no. 6, 2009, pp. 554-58.
12. G. B. Martin and R. D. Clark, "Distress Crying in Neonates: Species and Peer Specificity," *Developmental Psychology* 18, no. 1, 1987, pp.3-9.
13. Daniel Goleman, "Researchers Trace Empathy's Roots to Infancy," *The New York Times*, March 28, 1989.
14. T. Farroni, G. Csibra, F. Simion, and M. H. Johnson, "Eye Contact Detection in Humans from Birth," *Proceedings of the National Academy of Sciences* 99, no. 14, 2002, pp.9602-5.
15. Richard J. Davidson with Sharon Begley, *The Emotional Life of Your Brain*. Penguin, 2013, pp.35-36.
16. Alison Gopnik, Andrew N. Meltzoff, and Patricia K. Kuhl, *The Scientist in the Crib: What Early Learning Tells Us About the Mind*. Harper Perennial, 2001, p.39.
17. Rideout, Foehr, and Roberts.

Study Finds," *ScienceDaily*, May 29, 2010.
6. Rashmi Shetgiri, Hua Lin, and Glenn Flores, "Is There a Bullying Epidemic? Trends in Risk and Protective Factors for Bullying in the US," *Child Psychiatry and Human Development* 44, no.1, February 2013, pp.89-104; Wes Hosking, "Bullying Behavior Starting in Children as Young as Three," *Herald Sun*, August 5, 2014.
7. McAfee 2014 Survey, "Teens and the Screen Study: Exploring Online Privacy, Social Networking and Cyberbullying."
8. Sameer Hinduja and Justin W. Patchin, "Bullying, Cyberbullying and Suicide," *Archives of Suicide Research* 14, no. 3, 2010, pp.206-21.
9. Public Agenda, "Americans Deeply Troubled About Nation's Youth; Even Young Children Described by Majority in Negative Terms," press release, June 26, 1997.
10. Justin McCarthy, "Majority in US Still Say Moral Values Getting Worse," Gallup, June 2, 2015.
11. International Center for Academic Integrity, "The Academic Integrity Policy."
12. S. Thoma and M. Bebeau, "Moral Judgment Competency Is Declining Over Time: Evidence from 20 Years of Defining Issues Test Data," American Educational Research Association, 2008.
13. Melissa Healy, "Mental Illness in Youth: A Common Struggle," *Los Angeles Times*, May 19, 2013, p.16A.
14. American Psychological Association, "American Psychological Association Survey Shows Teen Stress Rivals That of Adults," February 11, 2014.

第１章：共感力のある子は人の気持ちが分かる

1. Kimberly A. Schonert-Reichl, Veronica Smith, Anat Zaidman-Zait, and Cyle Hertzman, "Promoting Children's Prosocial Behaviors in School: Impact of the 'Roots of Empathy' Program on the Social and Emotional Competence of School-Aged Children," *School Mental Health* 4, 2011, pp.1-21.
2. Mary Gordon, *Roots of Empathy: Changing the World Child by Child*. Experiment, 2009, p.xi.
3. ダニエル・ゴールマン『EQ：こころの知能指数』，土屋京子訳，講談

[注]
〔読者が参考文献の原文を探しやすいように、人名は、アルファベット表記とした。〕

日本語版出版に寄せて

1. 世界経済フォーラム "The Future of Jobs, 2016."
2. Geoff Colvin, "Employers Are Looking for New Hires with Something Extra: Empathy," *Fortune*, Sep. 4, 2014.
3. "The Loss of Empathy in Japan?," *The Situationist*, May 21, 2007.
4. Kirsty Kawano, "Bullying in Japanese Schools," Savvy Tokyo, May 23, 2016; "Number of Reported Bullying Cases in Japanese Schools Hits Record High," *The Japan Times*, October 27, 2016.
5. Justic McCurry, "Death from Overwork: Japan's 'Karoshi' Culture Blamed for Young Man's Heart Failure," *The Guardian*, October 18, 2016.
6. Setsuko Kamiya, "Spoiled Kids Reared on Expectations, Not Values," *The Japan Times*, May 30, 2000.
7. Rupert Wingfield-Hayes, "Why Does Japan Have Such a High Suicide Rate?" BBC News, Tokyo, July 3, 2015.
8. William Kremer and Claudia Hammond, quoting Yuriko Suzuki, a psychologist at the National Institute for Mental Health in Tokyo: "Hikiomori: Why Are So Many Japanese Men Refusing to Leave Their Rooms?" BBC World Service, July 5, 2013.

はじめに：なぜ共感力が決定的に重要なのか

1. Juliana Schroeder and Jane L. Risen, "Peace Through Friendship," *The New York Times*, August 22, 2014,
2. Corinne Segan, "Viewpoint from the West Bank: We Are All Humans," PBS NewsHourExtra, August 26, 2014.
3. Daniel Goleman, "What Makes a Leader?" *Harvard Business Review*, January 2014, pp. 24-33.
4. E.g. J. Twenge and J. Foster, "Mapping the Scale of the Narcissism Epidemic: Increases in Narcissim 2002-2007 within Ethnic Groups," *Journal of Research in Personality* 42, no.6, 2008, pp.1619-22.
5. "Empathy: College Students Don't Have as Much as They Used To,

訳者紹介

佐柳　光代（さやなぎ　みつよ）

国際基督教大学教養学部卒業。恵泉女学園中学校および浜松日体高校、浜松学芸高校、静岡県立稲取高校にて英語教論、静岡県賀茂郡河津町・小学校英語支援員を歴任。米国ニュージャージー州プリンストンの語学グループおよびタイ国チェンマイ市のパヤップ大学で日本語教師。現在は地域のNPOで教育活動に従事。

以下、いずれも髙屋・佐柳共訳（北大路書房）
キエラン・イーガン『想像力を触発する教育：認知的道具を活かした授業づくり』（2010年）
キエラン・イーガン『想像力と教育：認知的道具が培う柔軟な精神』（2013年）
キエラン・イーガン『深く学ぶ：生徒の学びを変えるためのちょっとした工夫』（2016年）

髙屋　景一（たかや　けいいち）

国際基督教大学教養学部卒業、東京学芸大学大学院教育学研究科修士課程修了、サイモン・フレーザー大学教育学研究科博士課程修了（Ph.D.）。現在、國學院大學文学部教授。英語・英米文化関係科目および教職課程科目を担当。専門は教育哲学、教育思想史、カリキュラム論。

主著・論文

Teaching and Learning Outside the Box: Inspiring Imagination Across the Curriculum（共編）. Teachers College Press, 2007.
Jerome Bruner: Developing a Sense of the Possible. Springer, 2013.
“Caroline Pratt's Idea of Curriculum and Imagination,” *Interchange*, Vol.49, No.2, 2018, pp.205-216.
「アクティブ・ラーニング論に言う「深さ」の問題：英語教育の改善に向けて」『國學院雑誌』第119巻第4号, 2018, pp.1-18.
メアリー・ウォーノック『想像力：「最高に高揚した気分にある理性」の思想史』法政大学出版局, 2020.

[著者プロフィール]
ミシェル・ボーバ Michele Borba, Ed.D.
いじめや子どもの性格形成などを専門にする国際的に有名な心理学者・教育コンサルタント。40年間にわたる教育とコンサルティングの経験を最新の科学的知見と融合した実践的なアドバイスは、世界中の親や教師、子どもたちから支持されている。これまで5大陸19か国で講演し、合衆国内外で主催したワークショップの参加者はのべ50万人を越える。新聞、雑誌、テレビ等のメディアでも幅広く活躍中で、アメリカで最も信頼されている教育コンサルタントである。ナショナル・エデュケーター賞、全米児童安全賞（2016年）他数々の受賞歴を誇り、20冊以上の著書は日本語を含め数多くの言語に翻訳・出版されている。サンタ・クララ大学で学士号と修士号（学習障がい）、サンフランシスコ大学で教育学博士（教育心理学・カウンセリング）を取得。3人の息子を育て、現在は夫とともにカリフォルニア州パームスプリングスに住んでいる。

共感力を育む
デジタル時代の子育て

2021年10月10日　初刷り発行

著　者　ミシェル・ボーバ
訳　者　佐柳　光代
　　　　高屋　景一
発行者　名古屋研一

発行所　㈱ひとなる書房
東京都文京区本郷2-17-13
電話　03-3811-1372
FAX　03-3811-1383
e-mail: hitonaru@alles.or.jp